完全整理

図表でわかる教育法令

第3次改訂版

教育法令研究会 [編著]

学陽書房

第3次改訂にあたって

教育関係の法令、ここに集結!

　「教育」という分野は、先生が生徒に授業をするという極めてシンプルな行為が強くイメージされます。しかし、それを支える仕組みや制度は複雑多岐にわたり、関係する法令もあまたの数にのぼるため、非常に学習しにくい分野であることも、また事実です。

　特に、教職員の採用試験や校長・教頭などの管理職試験の受験者、また、教育関係の実務に従事されている方々にとって、関係する法令を一つひとつかき集め、条文を丹念に読み込むことになれば、膨大な時間と労力を消費することになります。実際に、通常の仕事や家庭生活で忙しい毎日を送りながら、教育法令を勉強する困難さは並大抵ではありません。

　折から法令分野では、『完全整理 図表でわかる』シリーズとして、『地方自治法』、『地方公務員法』、『行政法』という3冊が出ています。いずれも、受験や実務の知識を習得するためのコンパクトで強力なサポーターとして、読者の皆様に大好評です。

　そこで当研究会では、教育法令を効率的・効果的に勉強していただくために、このたび本書を企画・制作いたしました。特徴は次のとおりです。

① 教育の基本方針などの大きな流れから、学校運営や教育課程などの実務的な細かい規定まで、能率的に把握できるよう配慮しています。

② 関係する多くの法令を16の大項目ごとに集約し、あちこちの法令や条文をひっくり返さなくても、ひと目でわかるシステムに仕上げています。

③ 幅広い教育法令の範囲を精選し、特に重要な点、主要な項目に的を絞り、集中して勉強できるよう工夫しています。

　本書は、これまで教育法令の分野では実現できなかった「一括」と「集約」という観点をテーマにし、この1冊に、すべてのエッセンスを詰め込みました。

　また、このたびの改訂にあたっては、地方教育行政の責任の明確化、首長との連携強化、地方に対する国の関与の見直し等を図る**地方教育行政の組織及び運営に関する法律の大改正**（平26法76号）等の内容を反映させ、試験で最も出題される教育基本法、学校教育法、地方教育行政の組織及び運営に関する法律、教育公務員特例法等を中心に、編集いたしました。

　本書はこれらの主要法令に係る制度の大改正に最も早く対応した参考書と自負しておりますので、どうぞ信頼してお手にとってみてください。

平成27年1月

教育法令研究会

目　次

1　教育の目的及び理念

2006年における教育基本法改正の背景	12
教育基本法改正に関する経緯	13
教育基本法改正のポイント	14
教育基本法改正を踏まえた中教審答申	15
教育基本法の位置付け	16
教育の目的	16
生涯学習の理念	16
教育の目標	17
教育の機会均等	17

2　教育の実施に関する基本等

義務教育	18
学校教育	18
大学	19
私立学校	19
教員	19
家庭教育	19
幼児期の教育	20
社会教育	20
学校・家庭・地域住民等の相互の連携協力	20
政治教育	20
宗教教育	21
教育行政	21
教育振興基本計画	21

3　教育行政機関の仕組み

中央教育行政機関	22
地方教育行政機関	23
中央と地方の関係	23
地方教育行政機関に関する基本規定	24
地方教育行政の組織及び運営に関する法律改正の概要	24
大綱の策定等	25
総合教育会議の設置	26
総合教育会議	26
教育委員会の設置	27

教育委員会	27
除斥制度	28
教育長及び教育委員	30
事務局	34
教育委員会及び地方公共団体の長の職務権限	36
事務処理の法令等準拠	37
事務の委任等	38
教育事務の点検・評価等	39
教育財産の管理等	40
教育委員会の意見聴取	40
教育委員会と校長	41
教育機関	42
市町村立学校の教職員	43
学校運営協議会	51
学校評議員	53
文部科学大臣及び教育委員会相互間の関係等	54
保健所との関係	60
条例による事務処理の特例	61
市町村の教育行政体制の整備・充実	62
指定都市等に関する特例	62
地方公共団体の組合に関する特例	63

4　学校の種類・設置

学校の範囲	64
学校の設置者	64
学校の設置義務	65
学校の設置基準	65
設置廃止等の認可	66
市町村立小・中学校の設置・廃止等の届出	67
大学・高等専門学校の設置・廃止等の届出	68
文部科学大臣の措置命令	69
学校設置の認可申請・届出手続	69
学則の必要記載事項	69
学校等の廃止の認可申請・届出手続	70
各種認可申請・届出手続	70
設置者変更の認可申請・届出手続	73
一貫教育	73
特別支援教育	74

5 学校運営

- 学校運営の流れ ... 76
- 学校の管理・経費負担 ... 76
- 授業料の徴収 ... 76
- 校長の出席状況明示義務 ... 77
- 出席簿 ... 77
- 長期欠席者等の教育委員会への通知 ... 77
- 教育委員会の行う出席の督促 ... 77
- 児童・生徒の出席停止 ... 78
- 児童・生徒・学生の懲戒 ... 79
- 学校閉鎖命令 ... 80
- 指導要録 ... 80
- 備付表簿 ... 81
- 学校廃止後の書類の保存 ... 81
- 学校運営評価等 ... 82
- 学校の施設設備と位置 ... 82
- 社会教育施設の附置・目的外利用 ... 82
- 設備・授業等の変更命令等 ... 82
- 学校の活動 ... 83

6 学校教育の目的・目標等

- 学校教育の目的 ... 86
- 教育目標 ... 87
- 幼稚園による家庭・地域への教育支援 ... 89

7 学級編制

- 学級編制のルール ... 90
- 学級数 ... 91
- 学級定員 ... 91
- 少人数学級 ... 91

8 学習指導要領

- 種類及び根拠 ... 92
- 公示による法的拘束力 ... 93
- 学習指導要領の構成 ... 93
- 「ゆとり教育」から「学力向上」へ ... 94
- 教育基本法改正から学習指導要領改訂へ ... 97

学習指導要領改訂の基本的な考え方	98
学習指導要領の改訂に伴う移行措置案	99
実施スケジュールと全面実施年度	100
国旗・国歌と学習指導要領	101

9 教育課程の編成

編成の基準	103
編成権者及び編成内容	103
修業年限	103
届出と承認	104
幼稚園の教育課程	105
小学校の教育課程	105
中学校の教育課程	108
中・高の系統立った教育とその課程	110
連携型中学校・高等学校の教育課程	110
併設型中学校・高等学校の教育課程	110
高等学校の教育課程	111
中等教育学校の教育課程	118
特別支援学校の教育課程	118
特色ある教育課程編成の特例	121

10 学科・教材（教科書）等

学科等に関する定め	122
教材	123
教科用図書の分類	123
教科書の定義	124
教科書の使用義務	124
教科書の種目	125
教科書検定	126
教科書をめぐる動向	131
教科書の採択権と採択地区	132
教科書の採択手順	132
同一教科書の採択期間	132
教科書採択の仕組み	133
教科書の無償措置	134
教科書無償給与の事務	135
補助教材の使用	136
学校での補助教材使用の手続	137

|補助教材と著作権|138|

11 教職員の組織・職務

教職員の法律上の名称	140
校長・教員の配置・資格	140
校長・教員の欠格事由	143
配置職種	144
教職員の職務	145
学校種別と充当職	147
校務分掌	148
教諭・事務職員をもって充てる職	148
校長の主な役割	149
校長の職務細目	149
主任等の職務細目	152
主任職の意義	153
職員会議	153

12 公立学校教職員の人事・服務等の特例

特例の根拠	154
教育公務員	155
評議会	155
任免、給与、分限・懲戒	156
服務	164
研修	166
大学院修学休業	172
職員団体	175
教育公務員に準ずる者に関する特例	177

13 就学・入学等

義務教育（就学義務）	178
学齢児童・生徒使用者の避止義務	178
就学義務の猶予・免除	179
就学援助	180
義務教育の全課程修了者の通知	181
学齢簿の編製	181
学齢簿の作成要領	182
就学に関する通知	183
学校の指定	185

区域外就学	186
特別支援学校への就学	187
入学資格等	190

14 保健・給食・災害共済給付

学校における保健	194
健康診断	194
感染症	197
保健管理組織	198
学校保健における保健所の協力	200
学校環境衛生	201
学校給食	202
災害共済給付	204

15 大学

大学の目的	206
大学の構成	206
修業年限	207
入学資格	208
職　員	209
名誉教授	209
教授会	210
大学の所轄庁と審議会への諮問	211
大学院	212
短期大学	213
学位の授与	214
自己評価・認証評価	215
特別課程	217
教育研究活動の状況の公表	219

16 私立・専修・各種学校

私立学校	220
学校法人	224
専修学校	225
各種学校	228
雑　則	229

資料　教育法令に係る主要4法　　231

主要法令名等略称

憲法	日本国憲法（昭21）
教基法	教育基本法（平18法120）
旧教基法	教育基本法（昭22法25）
学教法	学校教育法（昭22法26）
学教法施令	学校教育法施行令（昭28政令340）
学教法施規	学校教育法施行規則（昭22省令11）
地教行法	地方教育行政の組織及び運営に関する法律（昭31法162）
標準法	公立義務教育諸学校の学級編制及び教職員定数の標準に関する法律（昭33法116）
高校標準法	公立高等学校の適正配置及び教職員定数の標準等に関する法律（昭36法188）
教特法	教育公務員特例法（昭24法1）
教特法施令	教育公務員特例法施行令（昭24政令6）
教職給与特別法	公立の義務教育諸学校等の教育職員の給与等に関する特別措置法（昭46法77）
教免法	教育職員免許法（昭24法147）
教科書無償措置法	義務教育諸学校の教科用図書の無償措置に関する法律（昭38法182）
教科書発行法	教科書の発行に関する臨時措置法（昭23法132）
私学法	私立学校法（昭24法270）
私学助成法	私立学校振興助成法（昭50法61）
就学奨励法	就学困難な児童及び生徒に係る就学奨励についての国の援助に関する法律（昭31法40）
学保法	学校保健安全法（昭33法56）
学給法	学校給食法（昭29法160）
学校施設確保政令	学校施設の確保に関する政令（昭24政令34）
センター法	独立行政法人日本スポーツ振興センター法（平14法162）
評価・学位授与機構法	独立行政法人大学評価・学位授与機構法（平15法114）
社教法	社会教育法（昭24法207）
感染症予防法	感染症の予防及び感染症の患者に対する医療に関する法律（平10法114）
自治法	地方自治法（昭22法67）
地公法	地方公務員法（昭25法261）
地財法	地方財政法（昭23法109）
国公法	国家公務員法（昭22法120）
労基法	労働基準法（昭和22法49）
公選法施令	公職選挙法施行令（昭25政令89）
廃棄物処理清掃法	廃棄物の処理及び清掃に関する法律（昭45法137）
最裁判	最高裁判所判決
通　知	文部科学省通知
回　答	文部科学省回答

条文の表記

（例）学校教育法第4条第2項第3号——学教法4条②Ⅲ

完全整理

図表でわかる

教育法令

1 教育の目的及び理念 (1)

「教育」とは、人づくりであると言われています。社会が人と人とのネットワークで構築されていることを考えれば、国家が国策として、この教育に力を注ぐことは必然になるわけです。ここではまず、その基本的な考え方を確認しておきましょう。

◨ 2006年における教育基本法改正の背景

| 教育基本法 | 1947（昭和22）年制定以来、約60年間一度の改正もなし |

- この間、時代や社会情勢の劇的な変化により、教育を取り巻く状況も様変わりしている

  ①教育現場の荒廃
  　いじめ、不登校、校内暴力、学級崩壊等、諸問題の増加
  ②愛国心論議
  　日本人としての誇りや我が国と郷土を愛する心を育むべきとの意見と、思想教育だとしてこれに対する反対論が盛んに
  ③教員の服務等をめぐる論争
  　日の丸・君が代に対する考え方の相違が顕著に
  　⬇
  　入学・卒業式等での教員の服務と、これに対する処分が大いなる論争に

- 自民党を中心に、政府・与党がここ数年特に力を入れて、改正に向けた審議をしてきた

☆2006（平成18）年12月15日、教育基本法改正の法案が可決・成立
　同年12月22日、公布・施行

◘教育基本法改正に関する経緯

教育改革国民会議
2000（平成12）年 3月24日　教育改革国民会議設置
　　　　　　　　12月22日　「教育改革国民会議報告——教育を変える17の提案——」を報告
　　　　　　　　　　　　　15の具体的施策とともに、教育基本法の見直しと教育振興基本計画の策定の必要性を提言

中央教育審議会
2001（平成13）年11月26日　中央教育審議会に諮問（総会15回、基本問題部会28回）
2003（平成15）年 3月20日　「新しい時代にふさわしい教育基本法と教育振興基本計画の在り方について」を答申

与党における検討
2003（平成15）年 5月12日　第1回「与党教育基本法に関する協議会」開催
　　　　　　　　 6月12日　協議会の下に「与党教育基本法に関する検討会」設置

2006（平成18）年 4月13日　第10回「与党教育基本法に関する協議会」開催
　　　　　　　　　　　　　・「教育基本法に盛り込むべき項目と内容について（最終報告）」を了承・公表
　　　　　　　　　　　　　・官房長官に最終報告を手交
　　　　　　　　　　　　　※「協議会」を10回、「検討会」を70回開催

政　府
2006（平成18）年 4月28日　「教育基本法案」閣議決定、第164回通常国会へ提出

国　会
【第164回通常国会　2006（平成18）年1月20日〜6月18日】
2006（平成18）年 5月11日　衆・本会議（特別委員会設置）
　　　　　　　　 5月16日　衆・本会議（趣旨説明・質疑）
　　　　　　　　　　　　　特別委員会（提案理由説明）
　　　　　　　　 6月18日　第164回通常国会閉会（法案は継続審議に）

【第165回臨時国会　2006（平成18）年9月26日〜12月19日】
2006（平成18）年 9月28日　衆・本会議（特別委員会設置）
　　　　　　　　11月15日　特別委員会において可決
　　　　　　　　11月16日　衆・本会議において可決
　　　　　　　　11月17日　参・本会議（特別委員会設置・趣旨説明・質疑）
　　　　　　　　11月22日　特別委員会（提案理由説明）
　　　　　　　　12月14日　特別委員会において可決
　　　　　　　　12月15日　参・本会議において可決・成立

2006（平成18）年12月22日　2006（平成18）年法律第120号として公布・施行

（文部科学省ホームページ「教育基本法の改正に関する経緯」）

1 教育の目的及び理念 (2)

◘教育基本法改正のポイント

①**前　文**
- 憲法と教育基本法との関係を明示した部分を削除
- 新たに「公共の精神」の尊重や、「伝統の継承」等を規定

②**教育の目的（1条）**
- 「個人の価値」、「自主的精神に充ちた」を削除
  ➡2条へ

③**教育の目標（2条）**
- 「教育の方針」を削除し、「教育の目標」を新設
- 「幅広い知識と教養」、「個人の価値」、「自主及び自立の精神」、「伝統と文化の尊重」、「我が国と郷土を愛する」等を規定

④**教育の機会均等（4条）**
- 障害者への支援を講じるべきことを追加規定

⑤**義務教育（5条）**
- 「9年の普通教育」を削除し、別に法律で定めると規定
- 「各個人の有する能力を伸ばしつつ」との文言を追加
- 義務教育の目的を規定

⑥**学校教育（6条）**
- 教育を受ける者が「学校生活を営む上で必要な規律」と「自ら進んで学習に取り組む意欲を高めること」を重視すると規定

⑦**教　員（9条）**
- 旧法6条2項の「教員の身分は尊重され、待遇の適正が期せられ」という文言に、「養成と研修の充実が図られなければならない」を追加し、新たに「教員」の項目を独立

⑧**家庭教育（10条）**
- 保護者の責務、国及び地方公共団体の責務を規定

⑨**幼児期の教育（11条）**
- 国及び地方公共団体の責務を規定

⑩**教育行政（16条）**
- 「国民全体に対し直接に責任を負って行われるべきもの」を削除

⑪**廃止・新設**
- 廃止＝男女共学（旧法5条）、社会教育（旧法7条）
- 新設＝生涯学習の理念（3条）、大学（7条）、教員（9条）、学校・家庭・地域住民等の相互の連携協力（13条）、教育振興基本計画（17条）

◘教育基本法改正を踏まえた中教審答申

| 2006（平成18）年12月 | 改正教育基本法の成立 |

| 2007（平成19）年3月10日 | 文部科学省中央教育審議会の答申 |
　　　　　　　　　　　　　　　　　➲22ページ参照

「教育基本法の改正を受けて緊急に必要とされる教育制度の改正について」

①教育基本法の改正を踏まえた新しい時代の学校の目的・目標の見直しや学校の組織運営体制の確立方策等（学校教育法の改正）
　　ア　学校種の目的及び目標の見直し等
　　イ　学校の評価等に関する事項
　　ウ　副校長その他の新しい職の設置に関する事項
　　エ　大学等の履修証明制度

②質の高い優れた教員を確保するための教員免許更新制の導入及び指導が不適切な教員の人事管理の厳格化（教育職員免許法、教育公務員特例法の改正）
　　ア　教員免許更新制の導入
　　イ　指導が不適切な教員の人事管理の厳格化
　　ウ　分限免職処分を受けた者の免許状の取扱い

③責任ある教育行政の実現のための教育委員会等の改革（地方教育行政の組織及び運営に関する法律の改正）
　　ア　教育委員会の責任体制の明確化
　　イ　教育委員会の体制の充実
　　ウ　教育における地方分権の推進
　　エ　教育における国の責任の果たし方
　　オ　私立学校に関する地方教育行政

1 教育の目的及び理念（3）

◘教育基本法の位置付け（教基法前文）

我々日本国民の願い

→ たゆまぬ努力によって築いてきた民主的で文化的な国家をさらに発展させる

世界平和と人類の福祉の向上に貢献する

この理想を実現するため、下記の教育を推進する

①個人の尊厳を重んじる　②真理と正義を希求する　③公共の精神を尊ぶ　④豊かな人間性と創造性を備えた人間の育成を期する　⑤伝統を継承する　⑥新しい文化の創造を目指す

⬇

日本国憲法の精神にのっとり、我が国の未来を切り拓く教育の基本を確立し、その振興を図るため、この法律を制定する

◘教育の目的（教基法1条）

- 人格の完成をめざす
- 自主的精神に充ちた**心身ともに健康な国民**の育成を期する
  → ・平和で民主的な国家及び社会の形成者として必要な資質を備えている

◘生涯学習の理念（教基法3条）

- 国民1人ひとりが、自己の人格を磨き、豊かな人生を送ることができるよう
  → 生涯にわたり、あらゆる機会・場所において学習でき、その成果を適切に生かすことのできる社会の実現が図られなければならない

教育の目標（教基法2条）

| 教　育 | その目的実現のため、学問の自由を尊重しつつ、次に掲げる目標を達成するよう行われる |

↓

① 幅広い知識・教養を身に付け、真理を求める態度を養い、豊かな情操と道徳心を培うとともに、健やかな身体を養うこと
② 個人の価値を尊重して、その能力を伸ばし、創造性を培い、自主及び自律の精神を養うとともに、職業及び生活との関連を重視し、勤労を重んずる態度を養うこと
③ 正義と責任、男女の平等、自他の敬愛と協力を重んずるとともに、公共の精神に基づき、主体的に社会の形成に参画し、その発展に寄与する態度を養うこと
④ 生命を尊び、自然を大切にし、環境の保全に寄与する態度を養うこと
⑤ 伝統と文化を尊重し、それらをはぐくんできた我が国と郷土を愛するとともに、他国を尊重し、国際社会の平和と発展に寄与する態度を養うこと

教育の機会均等（教基法4条）

❶ 差別の禁止

すべて国民は、等しく、その能力に応じた教育を受ける機会を与えられること

↓ ※無制限にということではないので注意

人種・信条・性別・社会的身分・経済的地位・門地により教育上差別されない

❷ 障害者支援

国及び地方公共団体の責務
→ 障害者がその障害の状態に応じ、十分な教育を受けられるよう、教育上必要な支援を講じること

❸ 経済的な援助

国及び地方公共団体の責務
→ 能力があるにも係わらず、経済的理由で修学困難な者に対し、奨学の方法を講じること

2 教育の実施に関する基本等（1）

ひと口に「教育」と言っても、教師が生徒に対し、学校で教科を教えるだけがすべてではありません。家庭や社会などの様々な場所、政治や宗教など多面的な分野への広がりといった要素がありますので、留意してください。

◘義務教育（教基法5条）

❶教育を受けさせる義務
国民の負う義務
→ 保護する子に、別に法定する普通教育を受けさせること

❷義務教育としての普通教育の目的
- 各個人の有する能力を伸ばしつつ、社会において自立的に生きる基礎を培うこと
- 国家及び社会の形成者として必要とされる基本的資質を養うこと

❸国及び地方公共団体の責務
義務教育の機会を保障し、その水準確保のため、適切な役割分担及び相互協力の下、実施責任を負う

❹国公立義務教育学校の授業料
国又は地方公共団体の設置する学校での義務教育
→ 授業料は徴収しない

◘学校教育（教基法6条）

❶法律に定める学校 ➡ 公の性質を持つ
国、地方公共団体及び、法律に定める法人のみが設置可

❷法律に定める学校の責務
教育目標が達成されるよう、教育を受ける者の心身の発達に応じ、体系的な教育が組織的に行われること

 この場合は、下記を重視して行うこと
＝
教育を受ける者が、学校生活を営む上で必要な規律を重んずるとともに、自ら進んで学習に取り組む意欲を高めること

◪ 大　学（教基法7条）

- 学術の中心として、高い教養と専門的能力を培う
- 深く真理を探究して新たな知見を創造する
  → これらの成果を広く社会に提供することにより、社会の発展に寄与する
- 自主性・自律性その他の大学における教育・研究の特性が尊重されること

◪ 私立学校（教基法8条）

☆国及び地方公共団体の責務

私立学校の有する公の性質、学校教育で果たす重要な役割を考慮して
→ その自主性を尊重しつつ、助成その他適当な方法により、私立学校教育の振興に努めること

◪ 教　員（教基法9条）

☆法律に定める学校の教員

- 自己の崇高な使命を深く自覚し、絶えず研究と修養に励み、その職責の遂行に努めること
- その使命と職責の重要性から、身分は尊重され、待遇の適正が期せられ、養成と研修の充実が図られること

◪ 家庭教育（教基法10条）

❶父母その他の保護者の責務

子の教育について第一義的責任を有し、生活のために必要な習慣を身に付けさせ、自立心を育成し、心身の調和のとれた発達を図るよう努めること

❷国及び地方公共団体の責務

家庭教育の自主性を尊重しつつ、保護者に対する学習機会・情報提供その他、必要な支援策を講ずるよう努めること

2 教育の実施に関する基本等（2）

◘幼児期の教育（教基法11条）

☆国及び地方公共団体の責務

幼児期の教育は、生涯にわたる人格形成の基礎を培う重要なものであることを考慮し、
→ 幼児の健やかな成長に資する良好な環境の整備その他適当な方法で、その振興に努めること

◘社会教育（教基法12条）

☆国及び地方公共団体の責務

①下記を奨励すること
→ ●個人の要望や社会の要請に応え、社会で行われる教育

②下記により社会教育の振興に努めること
→ ●図書館・博物館・公民館その他の社会教育施設の設置
●学校施設の利用、学習の機会・情報の提供その他適当な方法

◘学校・家庭・地域住民等の相互の連携協力（教基法13条）

教育におけるそれぞれの役割と責任を自覚し、相互の連携・協力に努める

◘政治教育（教基法14条）

❶政治的教養

良識ある公民として必要な政治的教養は、教育上尊重されること

❷禁止事項

法律に定める学校
→ 特定の政党を支持・反対するための政治教育その他政治的活動は不可

◘宗教教育（教基法15条）

❶宗教の尊重
- 宗教に関する寛容の態度
- 宗教に関する一般的な教養
- 宗教の社会生活における地位は、

→ 教育上尊重されること

❷禁止事項
国及び地方公共団体が設置する学校

→ 特定の宗教のための宗教教育その他宗教的活動は不可

◘教育行政（教基法16条）

教育
不当な支配に服することなく、法律の定めにより行われるべきものである

教育行政
国と地方公共団体との適切な役割分担及び相互協力の下、公正かつ適正に行なわれること

①国の役割
→ 全国的な教育の機会均等と教育水準の維持向上を図るため、教育に関する施策を総合的に策定し、実施すること

②地方公共団体の役割
→ その地域における教育の振興を図るため、その実情に応じた教育に関する施策を策定し、実施すること

③財源措置
→ 国及び地方公共団体は、教育が円滑かつ継続的に実施されるよう、必要な財政上の措置を講じること

◘教育振興基本計画（教基法17条）

❶政府の責務
教育の振興に関する施策の総合的・計画的な推進を図るため、基本的方針、講ずべき施策その他必要事項について、基本的な計画を定め、これを国会に報告し、公表すること

❷地方公共団体の責務
❶の計画を参酌し、その地域の実情に応じ、当該団体における教育の振興のための基本的な計画を定めるよう努めること

3 教育行政機関の仕組み（1）

教育を担う機関は、国を中枢にして、都道府県、市町村といった公の行政主体が連携・協力し合いながら構成されています。特に、教育委員会と教育長、教育委員、事務局などの動向が大きな焦点になり、法改正で大きな変更がありましたので、よく学習しましょう。

◘ 中央教育行政機関

❶ 文部科学省（文部科学省設置法3条）
国の行政機関として、下記事項を適切に行う任務がある
- 教育の振興
- 生涯学習の推進を中核とした豊かな人間性を備えた創造的な人材の育成
- 学術・スポーツ・文化の振興
- 科学技術の総合的な振興
- 宗教に関する行政事務

❷ 中央教育審議会（文部科学省組織令85〜86条、中央教育審議会令1〜3条）
- 文部科学大臣の諮問機関として、下記事項の事務をつかさどる
  - ア 文部科学大臣の諮問に応じ、教育・スポーツ振興等の重要事項を調査審議すること
  - イ 上記アの重要事項に関し、文部科学大臣に意見を述べること
  - ウ その他
- 委員は30人以内で組織し、学識経験者の中から文部科学大臣が任命する
- 必要があれば、臨時委員・専門委員を置くことが可
- 委員の任期は2年で、非常勤

※文部科学大臣の諮問に対する答申（中教審答申）が特に有名である
EX：94ページ「ゆとり教育」から「学力向上へ」参照

❸ 教科用図書検定調査審議会（文部科学省組織令85条、87条）
- 教科用図書検定基準に関する審議など学校教育法の規定に基づき、その権限に属させられた事項を処理する

❹ 大学設置・学校法人審議会（文部科学省組織令85条、88条）
- 大学の設置に関する審議など学校教育法、私立学校法等の規定に基づき、その権限に属させられた事項を処理する

◘ 地方教育行政機関（地教行法22条、32条ほか）

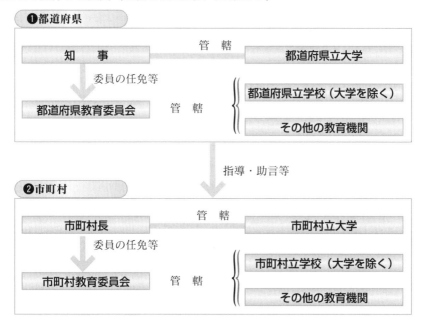

◘ 中央と地方の関係

中　央	地　方	根拠法
文部科学大臣による学校設置基準等の設定	地方公共団体の長、教育委員会の遵守義務	学教法3条 地教行法24条
文部科学大臣による指導・助言・援助	文部科学大臣の指導・助言・援助を求めることができる	地教行法48条
文部科学大臣による調査	文部科学大臣の指定する事項の調査を行う	地教行法53条
文部科学大臣による調査・統計・資料・報告の提出要求	文部科学大臣が調査を求めた場合、教委は報告を提出する法律上の義務を負う（昭34.12.19初中局長回答）	地教行法54条

※詳細については、54～60ページを参照のこと

3 教育行政機関の仕組み（2）

◘地方教育行政機関に関する基本規定

> 地方教育行政の組織及び運営に関する法律（地教行法）

◘地方教育行政の組織及び運営に関する法律改正の概要
☆2014（平成26）年6月13日、地方教育行政機関に関する基本規定である地教行法改正の法案が可決、同年6月20日公布、2015（平成27）年4月1日施行

①改正の趣旨
ア　教育行政の政治的中立性、継続性、安定性の確保
イ　地方教育行政における責任の明確化
ウ　地方教育行政における迅速な危機管理体制の構築
エ　地方教育行政における地方公共団体の長と教育委員会との連携の強化
オ　地方に対する国の関与の見直し

②主な改正内容
ア　教育行政の責任の明確化
　a　教育委員長と教育長の一本化→新教育長の設置（教育委員長は廃止）
　b　教育長の直接任命権を地方公共団体の長に付与
　c　教育委員会の代表は、委員長から教育長へ
　d　教育長の任期（3年）を教育委員の任期（4年）と分離
イ　大綱の策定、総合教育会議の設置
　a　地方公共団体の長による大綱策定
　b　地方公共団体の長による総合教育会議の設置
ウ　国の地方公共団体への関与の見直し
　a　いじめによる自殺の防止等、児童・生徒等の被害を防ぐため、文部科学大臣が教育委員会に指示できることを明記
エ　その他
　a　総合教育会議、教育委員会の会議の議事録に関する公表努力義務
　b　政治的中立性、継続性、安定性を確保するため、教育委員会を引き続き執行機関とし、職務権限は従来どおりとする

❶趣旨（地教行法1条）

- 教育委員会の設置
- 学校その他の教育機関の職員の身分取扱い
- その他地方公共団体における教育行政の組織及び運営

➡ これらの基本を定めることを目的としている

❷基本理念（地教行法1条の2）

- 地方公共団体における教育行政

➡ 教育基本法の趣旨にのっとり、教育の機会均等、教育水準の維持向上、地域の実情に応じた教育の振興が図られるよう

- 国との適切な役割分担、相互協力の下、公正かつ適正に行われること

◆大綱の策定等（地教行法1条の3）

地方公共団体の長の役割

①策　定

地方公共団体の長は、教基法17条1項に規定する基本的な方針を参酌し、その地域の実情に応じ、当該地方公共団体の「教育、学術、文化の振興に関する総合的な施策の大綱」（以下単に「大綱」という）を定めること

※教基法17条1項……政府は、教育の振興に関する総合的・計画的な推進を図るため、基本的な方針、講ずべき施策その他必要事項について、基本的な計画を定め、これを国会に報告し、公表すること

※大綱策定の規定は、地方公共団体の長に対し、当該団体の教育に関する事務を管理・執行の権限を与えると解釈してはならない
　→これはあくまでも、教育委員会の職務権限である

②策定・変更時の協議

大綱を定め、又はこれを変更しようとするときは、総合教育会議に協議すること

③公　表

大綱を定め、又はこれを変更したときは、遅滞なく公表すること

3 教育行政機関の仕組み（3）

◆総合教育会議の設置（地教行法1条の4①）

- 地方公共団体の長は、
  - ア　大綱の策定に関する協議
  - イ　下記a、bに関する協議
  - ウ　構成員（長、教育委員会）の事務の調整

➡ アイウを行うため、総合教育会議を設ける

a 教育を行うための諸条件整備、その他の地域の実情に応じた教育、学術、文化の振興を図るため重点的に講ずべき施策
b 児童・生徒等の生命・身体に現に被害が生じ、又は被害が生ずるおそれがあると見込まれる等の緊急時に講ずべき措置

◆総合教育会議

項　目	内　容
組　織 （地教行法 1条の4②）	● 地方公共団体の長　➡ 両者をもって構成 ● 教育委員会
招　集 （地教行法 1条の4③、④）	● 地方公共団体の長が招集する ● 教育委員会は、権限事務に関し協議する必要があれば、長に協議すべき具体的事項を示して、招集を求めることが可
意見徴収 （地教行法 1条の4⑤）	● 協議に必要なら、関係者又は学識経験者から意見を聴くことが可
会議の開催 （地教行法 1条の4⑥）	〔原　則〕 ● 会議は、公開する 〔例　外〕 ● 個人の秘密保持に必要、会議の公正が害される恐れがある、その他公益上必要があるときは、非公開にすることが可
議事録の公表 （地教行法 1条の4⑦）	● 長は、会議終了後、遅滞なく、総合教育会議の定めにより、議事録を作成し、公表するよう努めること
結果の尊重 （地教行法 1条の4⑧）	● 構成員の事務の調整が行われた事項 　➡ 構成員は、その結果を尊重すること
運　営 （地教行法 1条の4⑨）	● 地教行法に定めるもののほか、総合教育会議の運営に関し必要な事項は、総合教育会議が定める

◖教育委員会の設置(地教行法2条)

- 都道府県、市(特別区を含む)町村
- 教育に関する事務(地教行法21条)の全部又は一部を処理する地方公共団体の組合

➡ 教育委員会を置く

◖教育委員会

項　目	内　容
組　織 (地教行法 3条)	〔原　則〕 ● 教育長及び4人の委員をもって組織する 〔例　外〕 　ア　都道府県 　イ　市 　ウ　都道府県又は市が加入する地方公共団体の組合 ⎤ ➡ 教育長及び5人以上の委員をもって組織することが可 　エ　町　村 　オ　町村のみが加入する地方公共団体の組合 ⎤ ➡ 教育長及び2人以上の委員をもって組織することが可
会　議 (地教行法 14条)	①招　集 ● 会議は、教育長が招集する ● 教育長は、委員定数の1/3以上の委員から、付議事件を示して会議の招集を請求された場合には ➡ 遅滞なく招集すること ②定足数 ● 教育長及び在任委員の過半数が出席しなければ、会議を開き、議決すること不可 ※ただし、28ページの除斥制度のため過半数に達しないとき、又は同一事件につき再度招集しても、なお過半数に達しないときは、この限りではない ③議　決 ● 出席者の過半数で決し、可否同数なら、教育長の決するところによる ● 教育長が事故又は欠けた場合には、その職務代理者を教育長と見なす ④会議公開の原則 〔原　則〕 ● 会議は、公開する 〔例　外〕 ● 人事に関する事件その他の事件について、教育長又は委員の発議により、出席者の2/3以上の多数で議決したときは、非公開にすることが可 　➡ 討論を行わないで可否を決すること ⑤議事録の公表 ● 教育長は、会議終了後、遅滞なく、教育委員会規則の定めにより、議事録を作成し、公表するよう努めること

3 教育行政機関の仕組み（4）

項　目	内　容
規則の制定 （地教行法 15条）	●教育委員会は、法令・条例に違反しない限り、権限事務に関し、教育委員会規則を制定することが可 ●教育委員会規則その他教育委員会の定める規程で公表を要するもの 　➡　公布に関し必要な事項は、教育委員会規則で定める
議事運営 （地教行法 16条）	●地教行法に定めるもののほか、教育委員会の会議その他教育委員会の議事運営に関し必要な事項は、教育委員会規則で定める

◘除斥制度（地教行法14条⑥）

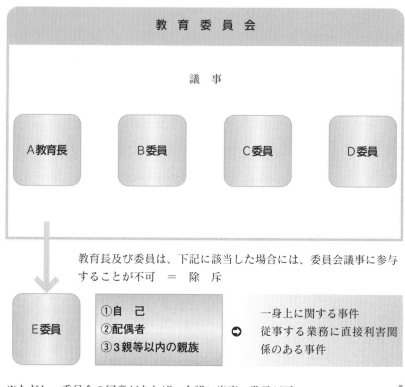

※ただし、委員会の同意があれば、会議に出席・発言が可

[血族関係図]

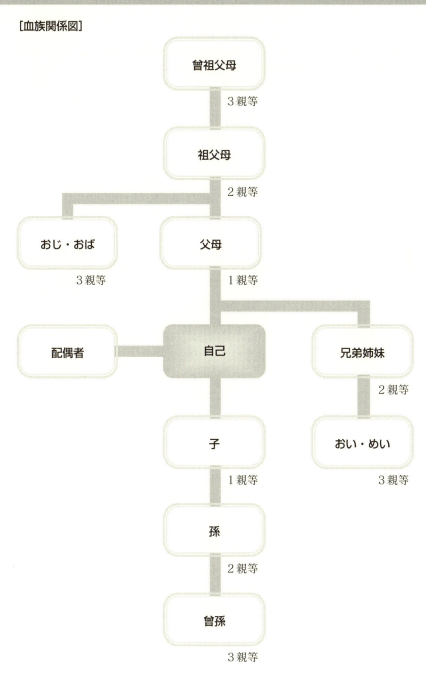

3 教育行政機関の仕組み（5）

◘教育長及び教育委員

項　目	内　容
任　命 （地教行法4条）	①被任命要件 ●教育長は、当該地方公共団体の長の被選挙権を有する者で、人格が高潔で、教育行政に関し識見を有する者のうちから任命される ●委員は、当該地方公共団体の長の被選挙権を有する者で、人格が高潔で、教育・学術・文化に関し識見を有する者のうちから任命される ②任命手続 ●①の者のうちから地方公共団体の長が、議会の同意を得て任命する ③教育長、委員になれない者（欠格事項） 　ア　破産手続開始の決定を受けて復権を得ない者 　イ　禁錮以上の刑に処せられた者 ④同一政党所属の禁止 ●教育長、委員の任命については、委員定数に1を加えた数の1/2以上が同一政党に所属すること不可 ⑤任命に当たっての配慮 　ア　委員の年齢・性別・職業等に著しい偏りが生じないこと 　イ　委員のうちに保護者である者が含まれるようにすること ※「保護者」とは、親権を行う者及び未成年後見人をいう（民法818～875条）
任　期 （地教行法5条） 兼職禁止 （地教行法6条）	●教育長は3年、委員は4年で、いずれも再任が可 ●補欠の任期は、前任者の残任期間とする ●教育長、委員は、下記の職と兼職することが不可 　ア　地方公共団体の議会の議員 　イ　地方公共団体の長 　ウ　地方公共団体の委員会の委員又は委員 　　　（人事委員会の委員、監査委員など） 　エ　地方公共団体の常勤職員 　オ　短時間勤務職員

項　目	内　容
罷　免 （地教行法7条） ※教育長、委員は、右記①②の場合を除き、その意に反して罷免されることがない	①**長はア又はイの場合、罷免することが可（任意）** 　ア　教育長又は委員が心身の故障のため職務の遂行に堪えないと認める場合 　イ　職務上の義務違反その他教育長又は委員たるに適しない非行があると認める場合 　　➡　当該地方公共団体の議会の同意を得て、罷免が可 ②**長は罷免すること（義務）：同一政党禁止規定** 　ア　新たに所属 　　委員定数に1を加えた数の1/2から1を減じた数の者が既に所属している政党に新たに所属するに至った教育長又は委員があるとき 　　➡　その教育長又は委員を直ちに罷免する 　イ　1/2以上の所属（アの場合を除く） 　　委員定数に1を加えた数の1/2以上の者が同一政党に所属することとなったとき 　　➡　同一政党所属の教育長及び委員数が委員定数に1を加えた数の1/2から1を減じた数になるように、議会の同意を得て教育長又は委員を罷免する（ただし、政党所属関係に異動のなかった教育長又は委員を罷免することは不可） 　　※委員定数の1/2から1を減じた数に1人未満の端数があるときは、これを切り上げて得た数

3 教育行政機関の仕組み (6)

項 目	内 容
解職請求 (地教行法 8条)	①有権者の1/3以上の連署で、地方公共団体の長に請求する【総数40万超の場合は例外245～246ページ参照】 ⬇ ②長は、議会に付議する ⬇ ③議会で、議員の2/3以上の出席、3/4以上の同意があれば、解職される ※解職請求の制限 　教育長、委員の就職の日又は解職請求に基づく議決のあった日から6か月間は、解職請求が不可
失　職 (地教行法 9条)	①上記の解職請求が成立した場合 ②4条3項の欠格事項に該当した場合 　ア　破産手続開始の決定を受けて復権を得ない者 　イ　禁錮以上の刑に処せられた者 ③当該地方公共団体の長の被選挙権を有する者でなくなった場合
辞　職 (地教行法10条)	●教育長、委員は、当該地方公共団体の長及び教育委員会の同意を得て、辞職することが可
服務等 (地教行法 11～13条) ※教育長、教育委員はどちらも、地方公務員法上の特別職になる	①守秘義務 　●教育長、委員は、職務上知ることができた秘密を漏らすことは不可（退職後も同様である） ②秘密発表の制限 　●教育長、委員又は教育長、委員であった者が、法令による証人・鑑定人等となり、職務上の秘密に属する事項を発表する場合 　　⮕　教育委員会の許可を受けること 　※許可は、法律に特別の定めがある場合を除き、拒むこと不可 ③身分取扱い 　●教育長は常勤、委員は非常勤とする ④政治的活動の制限 　●教育長、委員は、政党その他の政治的団体の役員となり、又は積極的に政治運動をすること不可 ⑤職務遂行 　●教育長、委員は、職務遂行に当たっては自らが当該団体の教育行政の運営について負う重要な責任を自覚し、1条の2（基本理念）及び大綱に則して、かつ、児童・生徒等の教育を受ける権利の保障に万全を期して、教育行政の運営が行われるよう意を用いること

項　目	内　容
	⑥職務専念義務 ●教育長は、下記の職務専念義務を負う ア　勤務時間・職務上の注意力の全てをその職責遂行のために用いること イ　当該地方公共団体がなすべき責を有する職務にのみ従事すること （※ただし、法律又は条例に特別の定めがある場合は除外される） **⑦営利企業等の従事制限** ●教育長は、教育委員会の許可を受けなければ、下記の営利企業等への従事は不可 ア　営利を目的とする私企業を営むことを目的とする会社その他の団体の役員を兼ねること イ　人事委員会規則（人事委員会非設置団体は、地方公共団体の規則）で定める地位を兼ねること ウ　自ら営利を目的とする私企業を営むこと エ　報酬を得ていかなる事業・事務に従事すること **⑧教育長の位置付け** ●教育長は、教育委員会の会務を総理し、教育委員会を代表する ●教育長が事故又は欠けたときは、あらかじめその指名する委員がその職務を行う（職務代理者）

3 教育行政機関の仕組み（7）

◲事務局

項　目	内　容
事務局 （地教行法 　17、19条）	①設　置 ● 教育委員会の権限に属する事務を処理させるため、教育委員会に事務局を置く ②内部組織 ● 教育委員会の事務局の内部組織は、教育委員会規則で定める ③職員定数 ● 当該地方公共団体の条例で定める ※ただし、臨時又は非常勤の職員はこの限りでない
事務局職員の 身分取扱い （地教行法 　20条）	● 地教行法及び教特法に特別の定めがあるものを除き、地方公務員法の定めるところによる

項　目	内　容
指導主事その他の職員 （地教行法18条、同施令4、5条）	①都道府県教育委員会の事務局に置く職員 ●指導主事、事務職員、技術職員、所要の職員 ②市町村教育委員会の事務局に置く職員 ●①に準じて指導主事その他の職員を置く ③指導主事の職務 ●上司の命を受け、学校における教育課程、学習指導その他学校教育に関する専門的事項の指導に関する事務に従事する ④指導主事の要件 ●教育に関し識見を有し、かつ、学校における教育課程、学習指導その他学校教育に関する専門的事項について、教養と経験がある者でなければならない ●大学以外の公立学校の教員をもって充てることが可 　⮕ 他の教育委員会の任命に係る者であるときは、当該任命権者の同意を得ること（都道府県教育委員会が「県費負担教職員である教員」を指導主事に充てる場合は、当該教員が所属する市町村教育委員会の同意を得ること） ●教員をもって充てる指導主事は、その期間中、当該公立学校教員の職を保有するが、教員の職務に従事しない ⑤事務職員 ●上司の命を受け、事務に従事する ⑥技術職員 ●上司の命を受け、技術に従事する ⑦任命 ●教育委員会の事務局に置く職員は、教育委員会が任命する ⑧教育相談 ●教育委員会は、事務局職員のうち、教育行政に関する相談事務を行う職員を指定し、公表すること

3 教育行政機関の仕組み（8）

◘ 教育委員会及び地方公共団体の長の職務権限

教育委員会の職務権限（地教行法21条）

当該団体が処理する教育に関する事務で、次に掲げるものを管理・執行する

①学校その他の教育機関の設置・管理・廃止に関すること
②教育財産の管理に関すること
③教育委員会及び学校その他の教育機関の職員の任免その他の人事に関すること
④学齢生徒・学齢児童の就学、生徒・児童・幼児の入学・転学・退学に関すること
⑤学校の組織編制、教育課程、学習指導、職業指導に関すること
⑥教科書その他の教材の取扱いに関すること
⑦校舎その他の施設、教具その他の設備の整備に関すること
⑧校長・教員その他の教育関係職員の研修に関すること
⑨校長・教員その他の教育関係職員、生徒・児童・幼児の保健・安全・厚生・福利に関すること
⑩学校その他の教育機関の環境衛生に関すること
⑪学校給食に関すること
⑫青少年教育・女性教育・公民館の事業その他社会教育に関すること
⑬スポーツに関すること
⑭文化財の保護に関すること
⑮ユネスコ活動に関すること
⑯教育に関する法人に関すること
⑰教育に係る調査・基幹統計その他の統計に関すること
⑱所掌事務に係る広報・教育行政に関する相談に関すること
⑲上記①～⑱のほか、当該団体区域内における教育事務に関すること

長の職務権限（地教行法22条）

次に掲げる教育に関する事務を管理・執行する

①大学に関すること　②私立学校に関すること
③教育財産を取得・処分すること
④教育委員会の所掌に係る事項に関する契約を結ぶこと
⑤上記①～④のほか、教育委員会の所掌に係る事項に関する予算を執行すること

※②を行う知事は、当該都道府県教育委員会に助言又は援助を求めることが可（地教行法27条）

職務権限の特例(地教行法23条)

　地方公共団体は、条例の定めにより、長が次に掲げる教育に関する事務のいずれか又は全てを管理・執行することとすることが可

① スポーツに関すること(学校における体育に関することを除く)
② 文化に関すること(文化財の保護に関することを除く)

※議会は、この条例の制定又は改廃の議決をする前に、当該団体の教育委員会の意見を聴くこと

◘事務処理の法令等準拠(地教行法24条)

● 教育委員会及び長は、それぞれの職務権限の事務を管理・執行するに当たっては、下記法令等に基づくこと

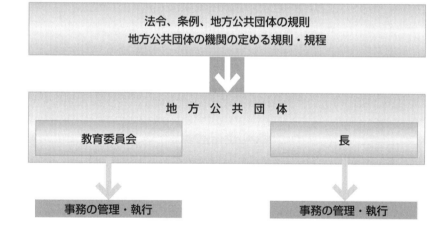

3 教育行政機関の仕組み（9）

◪ 事務の委任等（地教行法25条）

```
┌─────────────────────────────┬───────────────────┐
│        教 育 委 員 会        │ 権限に属する事務の一部 │
└─────────────────────────────┴───────────────────┘
                                       ↓
●教育委員会規則により、委任又は臨時代理させることが可

```
┌─────────────────────────────┬───────────────────┐
│         教  育  長          │ 権限に属する事務の一部 │
└─────────────────────────────┴───────────────────┘
```

- 教育委員会規則により、委任された事務又は臨時代理した事務の管理執行状況を教育委員会に報告すること
- Ⓐ若しくはⒷに委任又は臨時代理をさせることが可

```
┌──────────────────┐      ┌──────────────────────┐
│        Ⓐ        │      │          Ⓑ          │
│ 教育委員会事務局の職員 │      │ 学校その他の教育機関の職員 │
└──────────────────┘      └──────────────────────┘
```

※ただし、次に掲げる事務は、教育長に委任することが不可
① 教育事務の管理・執行の基本的方針に関すること
② 教育委員会規則その他教育委員会の定める規程の制定・改廃に関すること
③ 教育委員会の所管する学校その他の教育機関の設置・廃止に関すること
④ 教育委員会及びその所管する学校その他の教育機関の職員の任免その他の人事に関すること
⑤ 地教行法26条に規定する点検・評価に関すること
⑥ 地教行法29条に規定する教育予算に関する長への意見の申し出
```

◆教育事務の点検・評価等（地教行法26条）

教育委員会
→ 毎年、下記の管理・執行状況について点検・評価を行い、その結果報告書を作成し、議会に提出するとともに、公表すること

権限に関する事務 　教育長に委任された事務、教育長の権限に属する事務、事務局職員等に委任された事務を含む

点検・評価を行うに当たっては、教育に関する学識経験者の知見の活用を図るものとする

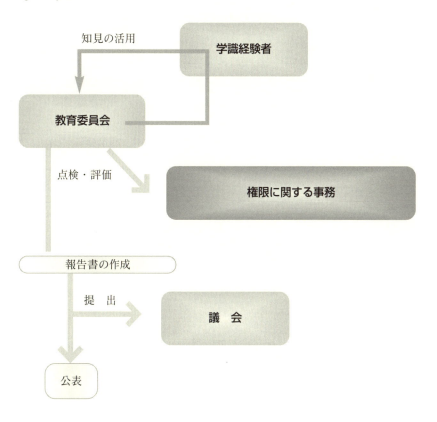

3 教育行政機関の仕組み（10）

◘ 教育財産の管理等（地教行法28条）

- 教育財産は、地方公共団体の長の総括の下に、教育委員会が管理する

- 教育財産の取得をめぐる教育委員会と地方公共団体の長との関係

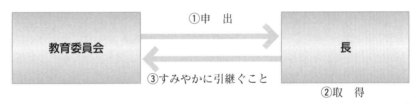

※教育財産の管理は教育委員会の職務権限であるが、教育財産の取得・処分は、長の職務権限である

◘ 教育委員会の意見聴取（地教行法29条）

- 地方公共団体の長は、歳入歳出予算のうち、教育に関する事務に係る部分等で議会の議決を経るべき議案を作成する場合 → 教育委員会の意見をきくこと

◘教育委員会と校長

所管に属する学校その他の教育機関の設置・管理・廃止に関する事項を処理する権限を有する（地教行法21条Ⅰ）

その所管に属する学校その他の教育機関の施設・設備・組織編制・教育課程・教材の取扱い等、管理運営に関し、必要な教育委員会規則を定める（地教行法33条①）

校務掌理権あり ➡ 校務をつかさどり、所属職員を監督する（学教法37条④）

※教育委員会が権限すべてを直接行使するのではなく、学校管理規則で大枠を定め、ある程度、学校（校長）に細目の権限を委ねている
学校管理規則は訓令的性格を持つ

➡ 職務執行に当たり、校長・教員はこの規則に拘束される

[教育委員会と校長の権限の例]

	教育委員会の権限	校長の権限
教育課程（カリキュラム）	○教育委員会としての目標等の決定 ○学期、休業日の設定	○学校の教育目標、年間指導計画の策定、授業時間割の作成等 教育課程（カリキュラム）の編成（教育委員会への届出）
教材	○教科書の採択	○学習帳など補助教材の選定（教育委員会への届出・承認）
児童・生徒の取扱い	○就学事務（就学すべき小・中学校の指定） ○指導要録の様式の決定	○学年の修了・卒業の認定 ○指導要録の作成 ○児童・生徒の懲戒
人事	○教職員の採用、異動、懲戒、服務監査等 ○勤務評定の計画、校長の行った評定の調整	○教職員の採用、異動、懲戒に関する意見具申 ○校内人事の決定（校務分掌の決定） ○教職員の服務監督、勤務時間の割振り、年休の承認等 ○勤務評定の実施
施設・設備	○学校の建築、改修	○学校の施設・設備の管理 ○学校施設の目的外使用の許可

3 教育行政機関の仕組み（11）

◇教育機関

項　目	内　容	
設　置 （地教行法 30条）	①**法律を根拠とするもの** 　ア　学　校 　イ　図書館 　ウ　博物館 　エ　公民館 　オ　その他の教育機関	地方公共団体は、設置すること ※「学校」の範囲（定義）は、64ページ参照
	②**条例を根拠とするもの** 教育に関する専門的・技術的事項の研究、教育関係職員の研修、保健・福利厚生に関する施設その他必要な教育機関	地方公共団体は、設置することが可
職員の 配置・定数 （地教行法 31条）	①**学　校** ● 法律の定めにより、学長、校長、園長、教員、事務職員、技術職員その他の所要の職員を置く ②**学校以外の教育機関** ● 法律又は条例の定めにより、事務職員、技術職員その他の所要の職員を置く ③**職員定数** ● ①及び②の職員定数は、地教行法に特別の定めがある場合を除き、当該団体の条例で定めること ※ただし、臨時又は非常勤の職員はこの限りでない	
職員の任命 （地教行法 34条）	● 地教行法に特別の定めがある場合を除き、教育委員会が任命	
職員の身分 取扱い （地教行法 35条）	● 地教行法及び他法に特別の定めがある場合を除き、地方公務員法の定めるところによる	
意見の申出 （地教行法 36条）	● 教育機関の長は、地教行法及び教特法に特別の定めがある場合を除き（後出参照）、所属職員の任免その他の進退に関する意見を任命権者に申し出ることが可 （大学附置校の校長は、学長を経由すること）	

項　目	内　容
所　管 （地教行法 32条）	①**大　学** 　●地方公共団体の長が所管 ②**その他の教育機関** 　●教育委員会が所管 ※ただし23条1項職務権限の特例（37ページ）により長が管理・執行する事務のみに係る教育機関は、長が所管する
学校等の管理 （地教行法 33条）	●教育委員会は、管理運営の基本的事項について、法令・条例に違反しない限度で、必要な教育委員会規則を定めること 　　　　　　↓ その実施のため新たな予算を伴うこととなるものについては、教育委員会は、あらかじめ当該団体の長に協議すること ※教育委員会は、学校における教科書以外の教材の使用について、あらかじめ届出をさせ、又は承認を受けさせることとする定めを設けるものとする

◆市町村立学校の教職員

❶任命権者（地教行法37条）

　ア　県費負担教職員　➡　都道府県教育委員会に属する

　　　┗▶ 市町村立学校職員給与負担法1～2条に規定する「市町村立学校の教職員」を指し、学校教職員の大部分がこれに該当する

※都道府県教育委員会の権限の一部委任については、38ページの事務の委任等の規定（地教行法25条）による

　　　┗▶ このうち都道府県教育委員会が「教育長に委任することが不可の事務」の適用を以下のとおりとする
　　　　 教育委員会及びその所管に属する学校その他の教育機関の職員並びに県費負担教職員の任免その他の人事に関すること

　イ　上記ア以外の者　➡　市町村教育委員会に属する

　　　┗▶ EX：用務職員、警備職員

3 教育行政機関の仕組み（12）

❷県費負担教職員に関する内申

ア　内申の仕組み（地教行法38～39条）

```
┌─────────────┐  ←─────────────  ┌─────────────┐
│都道府県教育委員会│                   │市町村教育委員会│
└─────────────┘                   └─────────────┘
              ①内　申
              │
              下記※の場合は、当
              該意見を付すること
②任免その他の
　進退の実施
              ↓
         ┌─────────────┐
         │県費負担教職員│
         └─────────────┘
```

※所属長たる校長は、任免その他の進退に関する
　意見を市町村教育委員会に申し出ることが可

※次のいずれかに該当する県費負担教職員の転任については、市町村教育委員会の内申を要しない

　a 都道府県内の教職員の適正配置と円滑な交流の観点から、都道府県教育委員会が定める基準に従い、地方自治法に規定された市町村の県費負担教職員を免職し、引き続き同都道府県内の他市町村の県費負担教職員に採用する必要がある場合
　b aのほか、やむを得ない事情により当該内申に係る転任を行うことが困難である場合

イ　内申に係る判例・通達等

● 教育委員会規則により、内申の権限を教育長に委任することも適法である（昭40.4.27静岡地裁判）
● 市町村教育委員会の内申に対し、都道府県教育委員会はその内容にすべて拘束されるものではないが、内申を待たずに任免その他の進退を行うことは不可（施行通達411号）
● 市町村教育委員会が服務監督権者として当然なすべき内申をしないときは、例外として内申ぬき任命権行使も適法である（昭61.3.13最裁判）
● 給与の発令は、市町村教育委員会の内申をまって行う（施行通達411号）
● 昇給は、内申事項である「その他の進退」に含まれる（昭31.11.2初中局長回答）
● 内申は、具体的に人を特定することが必要であり、氏名を明記すべきものである（昭31.12.27初中局長回答）

❸県費負担教職員の任用等（地教行法40条）

- 都道府県教育委員会は、地公法の分限・懲戒規定に係らず、地方自治法に規定された市町村の県費負担教職員を免職し、引き続き当該都道府県内の他市町村の県費負担教職員に採用することが可

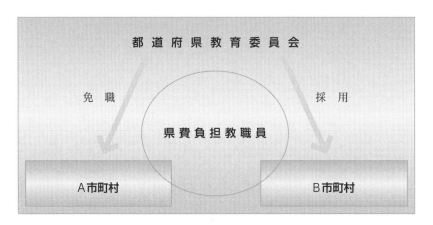

※当該職員がA市町村で正式任用になっていた者であれば、B市町村では地公法22条1項（条件附採用規定）は適用しない

❹県費負担教職員の定数（地教行法41条）

ア　定数は、都道府県の条例で定める
　　（ただし、臨時又は非常勤の職員については、この限りではない）

イ　市町村別の学校の種類ごとの定数は、上記アの範囲内で、都道府県教育委員会が市町村教育委員会の意見を聴いて定める

❺県費負担教職員の勤務条件（地教行法42条）

- 地公法24条6項により条例で定めるものとされている事項（給与・勤務時間その他）は、都道府県条例で定める

3 教育行政機関の仕組み（13）

❻県費負担教職員の服務監督（地教行法43条）

ア　服務監督権 ➡ 市町村教育委員会

> 県費負担教職員の従事する教育事業は、市町村の事業であり、これらの教職員は当該市町村の公務員であるから、その服務監督は市町村教育委員会が行うものである（昭31.6.30施行通達326号）

イ　県費負担教職員の服従義務

法　令	都道府県条例	市町村	
		教育委員会規則・規程	条例・規則 職務上の上司の職務上の命令

↓↓↓↓

県費負担教職員　＝　従うこと

※都道府県教育委員会は、「職務上の上司」ではない（施行通達411号）
　校長は、教員の「職務上の上司」である（昭31.1.5初中局長回答）

ウ　都道府県の関与
- 県費負担教職員の任免、分限・懲戒に関して、地公法により条例で定めるものとされている事項は、都道府県条例で定める
- 県費負担教職員の服務監督、都道府県条例等について、技術的な基準の設定が可

❼県費負担教職員の職階制（地教行法44条）

- 地公法23条1項の規定に係らず、都道府県内の県費負担教職員を通じて、都道府県が採用する
    - ※地公法23条1項
    - 「人事委員会を置く地方公共団体は、職階制を採用する」

- 職階制に関する計画は、都道府県条例で定める

❽県費負担教職員の研修（地教行法45条）

- 地公法39条2項の規定に係らず、市町村教育委員会も行うことが可
    - ※地公法39条2項
    - 「研修は、任命権者が行うものとする」

- 市町村教育委員会は、都道府県教育委員会が行う県費負担教職員の研修に協力すること

- 校長から受講を命ぜられた教員の不出席は、地教行法43条2項にいう職務命令に対する服務義務違反である（昭33.10.24 初中局長回答）

- 教育労組の受講拒否決定や指令、他教職員による受講予定者に対する不受講の説得は、地公法37条1項（争議行為等の禁止）に違反する（昭33.10.24 初中局長回答）

❾県費負担教職員の勤務成績の評定（地教行法46条）

- 地公法40条1項の規定に係らず、都道府県教育委員会の計画の下に、市町村教育委員会が行う
    - ※地公法40条1項
    - 「任命権者は、職員の執務について定期的に勤務成績の評定を行う」

3 教育行政機関の仕組み（14）

⑩県費負担教職員に関する地方公務員法適用の特例（地教行法47条）

＊読み替え規定
地教行法に特別の定めがあるもののほか、県費負担教職員に対して地方公務員法を適用する場合は、下記のとおり字句を読み替える

地方公務員法		地教行法での扱い
16条頭書き 職　員	読み替え	職　員 16条Ⅲの場合は、下記の者を指す ア　都道府県教育委員会の任命に係る職員 イ　条例による事務処理の特例等で、県費負担教職員の任用事務を行う市町村教育委員会の任命に係る職員 ウ　懲戒免職処分を受けた当時属していた地方公共団体の職員
16条Ⅲ 当該地方公共団体において	読み替え	都道府県教育委員会により（条例による事務処理の特例等で、県費負担教職員の懲戒事務を行う市町村教育委員会を含む）

※参　考
- 地方公務員法16条頭書き
  「次の各号の1つに該当する者は、条例で定める場合を除き、職員となり、又は競争試験若しくは選考を受けることが不可」
- 同法同条第3号
  当該地方公共団体において懲戒免職処分を受け、処分日から2年を経過しない者

地方公務員法		地教行法での扱い
26条の2① 26条の3① 任命権者	読み替え →	市町村教育委員会
28条の4① 当該地方公共団体	読み替え →	市町村
常時勤務を要する職	読み替え →	当該市町村を包括する都道府県の区域内の市町村の常時勤務を要する職
28条の5① 当該地方公共団体	読み替え →	市町村
短時間勤務の職（	読み替え →	当該市町村を包括する都道府県の区域内の市町村の短時間勤務の職（
29条①Ⅰ この法律若しくは第57条に規定する特例を定めた法律	読み替え →	この法律、第57条に規定する特例を定めた法律若しくは地方教育行政の組織及び運営に関する法律
34条② 任命権者	読み替え →	市町村教育委員会
37条 地方公共団体	読み替え →	都道府県及び市町村
38条 任命権者	読み替え →	市町村教育委員会

※参考（地公法より）26条 給料表に関する報告及び勧告、
27条 分限及び懲戒の基準、29条 懲戒、34条 秘密を守る義務、
37条 争議行為等の禁止、38条 営利企業等の従事制限

3 教育行政機関の仕組み（15）

⑪特別事情による県費負担教職員の任用等（地教行法47条の2）

- 都道府県教育委員会は、下記ア・イのいずれにも該当する県費負担教職員を免職し、引き続き当該都道府県の常勤職員（指導主事・校長・園長・教員を除く）に採用することが可

　ア　児童・生徒に対する指導が不適切であること
　イ　研修等必要な措置が講じられたとしても、なお児童・生徒に対する指導を適切に行うことが不可と認められること

- 事実の確認方法その他、該当の可否に関する判断手続
  ➡ 都道府県教育委員会規則で定める
- 採用に当たっては、当該職員の適性・知識等を十分考慮すること

⑫非常勤講師の報酬等・身分取扱い（地教行法47条の3）

- 県費負担教職員のうち非常勤講師の報酬・費用弁償の額及び支給方法については、都道府県条例で定める
- 県費負担教職員のうち非常勤講師の身分取扱いについては、地教行法に規定するもののほか、都道府県の定めの適用がある

⑬初任者研修に係る非常勤講師の派遣（地教行法47条の4）

- 都道府県教育委員会が、公立学校の教諭等に初任者研修を実施する場合

⬇

研修に人手がとられ、学校の教諭等の体制が不十分になることがある

⬇

- 市町村教育委員会は、非常勤講師を勤務させる必要があれば、都道府県教育委員会に対し、当該都道府県教育委員会事務局の非常勤職員の派遣を求めることが可（指定都市教育委員会は不可）

派遣職員

　ア　身　分　　　派遣元・派遣先の2つの身分を併有
　イ　報酬・費用弁償　派遣元の都道府県の負担
　ウ　服務監督　　派遣先の市町村教育委員会が行う

◘学校運営協議会(地教行法47条の5)

項　目	内　容
指定学校への設置	●教育委員会は、教育委員会規則により、その所属する学校のうち指定する学校の運営に関し協議する機関として、当該指定学校ごとに、学校運営協議会を置くことが可 ●市町村教育委員会が指定をするときは、あらかじめ、都道府県教育委員会に協議すること
指定の取消	●学校運営協議会の運営が著しく適正を欠く ⬇ 当該指定学校の運営に、現に著しい支障が生じ、又は生ずるおそれがある場合 ⬇ 教育委員会は、その指定を取り消すこと
指定の手続等	下記事項に関して、教育委員会規則で定める 　●指定の手続 　●指定の取消の手続 　●指定期間 　●学校運営協議会の委員の任免の手続・任期 　●学校運営協議会の議事の手続 　●その他学校運営協議会の運営に関し必要な事項

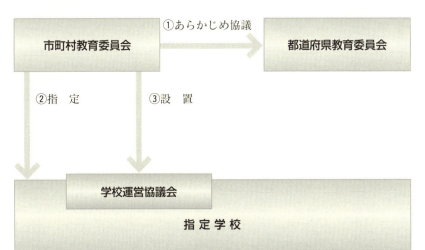

3 教育行政機関の仕組み (16)

項 目	内 容
委員の選任	①対象者 　ア　当該指定学校の所在する地域住民 　イ　当該指定学校に在籍する生徒・児童・幼児の保護者 　ウ　その他教育委員会が必要と認める者 ②任　命 　●教育委員会が行う ③通知等 　●委員の選任には、公募制の活用等選考方法を工夫するとともに、地域住民や保護者等への広報、周知に努めること（施行通知平16.6.24／429号） 　●地域住民、保護者以外の委員については、校長・教職員・学識経験者・関係機関の職員等が想定される（施行通知平16.6.24／429号）
校長の役割	●当該指定学校の運営に関し、教育課程の編成その他教育委員会規則で定める事項について、基本的な方針を作成し、学校運営協議会の承認を得ること
意見陳述	①教育委員会又は校長に対するもの 　●学校運営協議会は、当該指定学校の運営に関する事項について、教育委員会又は校長に対し意見陳述が可 　※ただし、②に関する事項は除く ②任命権者に対するもの 　●学校運営協議会は、当該指定学校の職員採用その他の任用に関する事項について、任命権者に対し意見陳述が可 　　⬇ 　任命権者はこれを尊重すること 　※当該職員が県費負担教職員なら、意見陳述は、市町村教育委員会を経由する

◻ 学校評議員
（学教法施規39条、49条、79条、104条、113条、135条）

```
幼稚園
小学校
中学校                ➡  設置者の定めにより、**学校評議員**を置くことが可
高等学校
中等教育学校
特別支援学校
```

- 当該学校の職員以外の者で、教育に関する理解・識見を有する者のうちから、校長の推薦により、当該設置者が委嘱する
  ※人数や任期等は、学校設置者が決める
- 校長の求めに応じ、学校運営に関し、意見を述べることが可
  EX：保護者や地域意向の把握・反映、保護者や地域からの協力、学校としての説明責任

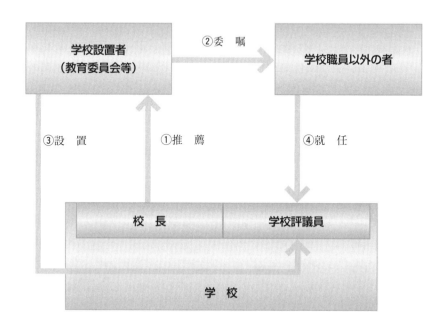

教育行政機関の仕組み

3 教育行政機関の仕組み（17）

◘文部科学大臣及び教育委員会相互間の関係等

❶文部科学大臣又は都道府県教育委員会の指導等（地教行法48条①）

- 自治法245条の4（技術的な助言・勧告・資料の提出要求）1項の規定のほか、都道府県又は市町村の教育事務の適正処理を図るため、必要な指導・助言・援助を行うことが可

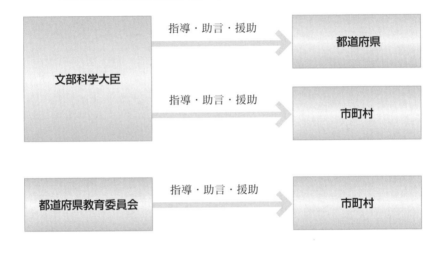

❷文部科学大臣による指導等に関する指示（地教行法48条③）

- 都道府県教育委員会に対し、市町村に対する指導・助言・援助に関し、必要な指示が可

❸指導等の要求（地教行法48条④）

- 自治法245条の4（技術的な助言・勧告・資料の提出要求）3項の規定のほか、都道府県知事又は都道府県教育委員会は文部科学大臣に対し、市町村長又は市町村教育委員会は文部科学大臣又は都道府県教育委員会に対し、教育に関する事務の処理を図るため、必要な指導・助言・援助を求めることが可

```
文部科学大臣  ←  指導・助言・援助の要求  ←  知事
文部科学大臣  ←  指導・助言・援助の要求  ←  都道府県教育委員会

文部科学大臣      ←  指導・助言・援助の要求  ←  市町村長
都道府県教育委員会 ←  指導・助言・援助の要求  ←

文部科学大臣      ←  指導・助言・援助の要求  ←  市町村教育委員会
都道府県教育委員会 ←  指導・助言・援助の要求  ←
```

教育行政機関の仕組み

3 教育行政機関の仕組み (18)

❹ 文部科学大臣又は都道府県教育委員会による指導等の例示（地教行法48条②）

① 学校その他の教育機関の設置・管理・整備に関し、指導・助言を与えること
② 学校の組織編制・教育課程・学習指導・生徒指導・職業指導・教科書その他の教材の取扱いその他学校運営に関し、指導・助言を与えること
③ 学校における保健・安全・学校給食に関し、指導・助言を与えること
④ 教育委員会の委員・校長・教員その他の教育関係職員の研究集会・講習会その他研修に関し、指導・助言を与え、又はこれらを主催すること
⑤ 生徒・児童の就学に関する事務に関し、指導・助言を与えること
⑥ 青少年教育・女性教育・公民館事業その他社会教育の振興・芸術の普及・向上に関し、指導・助言を与えること
⑦ スポーツ振興に関し、指導・助言を与えること
⑧ 指導主事・社会教育主事その他の職員を派遣すること
⑨ 教育・教育行政に関する資料・手引書等を作成し、利用に供すること
⑩ 教育に係る調査・統計・広報、教育行政に関する相談に関し、指導・助言を与えること
⑪ 教育委員会の組織・運営に関し、指導・助言を与えること

❺ 文部科学大臣と教育委員会相互間の関係（地教行法51条）

文部科学大臣	都道府県教育委員会 又は 市町村教育委員会	➡ 相互間の連絡調整を図ること
都道府県教育委員会	市町村教育委員会	➡ 相互間の連絡調整を図ること

教育委員会（都道府県・市町村共通）
　→ 相互の連絡を密にし、文部科学大臣又は他の教育委員会と協力し、教職員の適正な配置・円滑な交流・勤務能率の増進を図り、もってそれぞれの所掌する教育事務の適正な執行・管理に努めること

❻ 文部科学大臣又は教育委員会による調査（地教行法53条①）

- 地教行法48条1項、51条による権限を行うために必要なら、長又は教育委員会が管理・執行する教育事務について、必要な調査が可

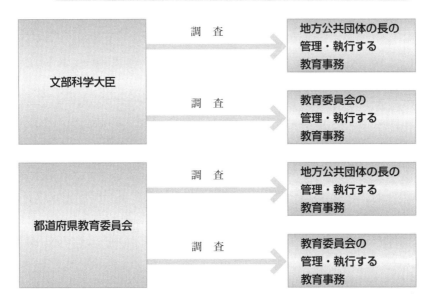

❼ 文部科学大臣による調査に関する指示（地教行法53条②）

- 都道府県教育委員会に対し、市町村長又は市町村教育委員会の管理・執行する教育事務について、特に指定する事項の調査を行うよう指示することが可

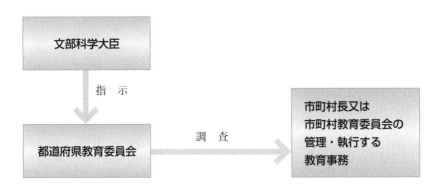

3 教育行政機関の仕組み（19）

❽文部科学大臣による是正の要求の方式（地教行法49条）
- 都道府県又は市町村教育委員会の教育事務の管理・執行が
  ア　法令の規定に違反するものがある場合
  又は
  イ　当該事務の管理・執行を怠るものがある場合

児童・生徒等の教育を受ける権利が侵害されていることが明らかであるとして、地方自治法245条の5第1項・4項の規定による求め、又は2項の指示を行うときは、当該教育委員会が講ずべき措置内容を示して行うものとする

※地方自治法245条の5（是正の要求）概要

実施主体	各大臣
相手方	都道府県、都道府県の執行機関、市町村
対象事務	自治事務、法定受託事務（第2号）
事務処理の要件	①法令違反、又は②著しく適正を欠き、かつ明らかに公益を害している

地方自治法245条の5第1項
都道府県の自治事務について

国（各大臣） ──要求が可→ 都道府県

地方自治法245条の5第4項
市町村の自治事務・第2号法定受託事務について、緊急を要するとき等

国（各大臣）　　都道府県　　市町村

直接の要求が可

地方自治法245条の5第2項
市町村の自治事務・第2号法定受託事務について

```
┌──────────┐  指示が可  ┌──────────┐  要求すること  ┌──────────┐
│ 国(各大臣) │ ────→  │ 都道府県  │ ──────→   │  市町村   │
└──────────┘            └──────────┘                └──────────┘
```

※各大臣は、市町村に要求するよう都道府県に指示が可
（都道府県が各大臣の指示なしに、自らすることは不可）

- 市町村長その他執行機関の担任事務➡知事へ
- 市町村教育委員会の担任事務➡都道府県教育委員会へ
- 市町村選挙管理委員会の担任事務➡都道府県選挙管理委員会へ

❾文部科学大臣の緊急指示（地教行法50条）

- 都道府県又は市町村教育委員会の教育事務の管理・執行について
  - ア　法令の規定に違反するものがある場合
  - 又は
  - イ　当該事務の管理・執行を怠るものがある場合

児童・生徒等の生命又は身体に現に被害が生じ、又は被害が生じる恐れがあると見込まれ、その被害の拡大・発生を防止するため、緊急の必要があるときは、当該教育委員会に対し、当該違反を是正し、又は怠りを改めるべきことを指示することが可

※ただし、他の措置によっては、その是正を図ることが困難な場合に限る

❿文部科学大臣の通知（地教行法50条の2）

- ❽❾の求め又は指示を行ったときは、遅滞なく、当該団体の長及び議会に対して、その旨を通知すること

3 教育行政機関の仕組み（20）

⓫教育行政機関に対する努力義務（地教行法54条①）
- 教育行政機関は、的確な調査・統計その他の資料に基づいて、その所掌事務の適切かつ合理的な処理に努めること

⓬文部科学大臣又は都道府県教育委員会の資料・報告提出要求（地教行法54条②）
- 都道府県又は市町村の区域内の教育事務に関し、必要な調査・統計その他の資料又は報告の提出を求めることが可

文部科学大臣	→ 資料又は報告の提出要求 →	地方公共団体の長
	→ 資料又は報告の提出要求 →	教育委員会
都道府県教育委員会	→ 資料又は報告の提出要求 →	市町村長
	→ 資料又は報告の提出要求 →	市町村教育委員会

◪保健所との関係（地教行法57条）

- 教育委員会は、健康診断その他学校における保健に関し、政令で定めるところにより、保健所設置の地方公共団体の長に協力を求めるものとする

- 保健所は、学校の環境衛生の維持、保健衛生に関する資料の提供その他学校における保健に関し、政令で定めるところにより、教育委員会に助言と援助を与えるものとする

    ※詳細は、194ページからの「保健・給食・災害共済給付」を参照のこと

◘ 条例による事務処理の特例（地教行法55条）

➡ 都道府県教育委員会の権限に属する事務の一部を、都道府県が定める条例により、市町村が処理することを可とする制度

この場合、その事務は当該市町村教育委員会が管理・執行する

- 上記条例を制定・改廃するとき、知事はあらかじめ当該市町村長に協議すること
- 上記協議を受けたとき、市町村長は当該市町村教育委員会に通知するとともに、その意見を踏まえて当該協議に応じること
  * ただし地教行法23条①（職務権限の特例）により、当該市町村教育委員会がその事務を管理・執行しない場合は、この限りでない

- 上記条例の制定・改廃の議決をする前に、都道府県の議会は、当該都道府県教育委員会の意見を聴くこと
- 条例の定めで都道府県教育委員会規則に委任して、当該事務の範囲を定める場合 ➡ 都道府県教育委員会は、当該規則を制定・改廃するときは、あらかじめ、当該事務を処理する市町村教育委員会に協議すること

  * この場合、当該事務が地教行法23条①により、当該市町村長の処理となるものであるときは、当該協議を受けた市町村教育委員会は、当該市町村長に通知するとともに、その意見を踏まえて協議に応じること

- 市町村長は、議決を経て、知事に対し、当該都道府県の権限に属する事務の一部を当該市町村が処理することとするよう要請することが可

  → 市町村議会は議決をする前に、当該市町村教育委員会の意見を聴くこと（地教行法23条①の場合はこの限りでない）
    → 知事は、市町村長から要請があれば、速やかに当該都道府県に通知するとともに、その意見を踏まえ当該市町村長と協議すること

3 教育行政機関の仕組み (21)

◘ 市町村の教育行政体制の整備・充実（地教行法55条の2）

- 市町村は、近隣市町村と協力して、地域における教育の振興を図るため、地方自治法の規定による教育委員会の共同設置その他連携を進め、地域における教育行政の体制の整備・充実に努めるものとする

- 文部科学大臣及び都道府県教育委員会は、市町村の教育行政体制の整備・充実に資するため、必要な助言、情報提供その他の援助を行うよう努めること

◘ 指定都市等に関する特例（地教行法58、59、61条）

指定都市等の県費負担教職員に関する下記事務は、当該指定都市等の教育委員会が行う

対象地方公共団体 ➡ 事務処理者	該当事務
指定都市 ➡ 当該指定都市教育委員会	ア 任免、給与の決定、休職、懲戒 イ 研 修
中核市 ➡ 当該中核市教育委員会	研 修
中等教育学校を設置する市町村 ➡ 当該市町村教育委員会	ア 任免、給与の決定、休職、懲戒 イ 研 修

地方公共団体の組合に関する特例（地教行法60条）

- 地方公共団体が地教行法21条（教育委員会の職務権限）に規定する事務の全部を処理する組合を設ける場合

  → 組合を組織する地方公共団体には、教育委員会を置かず、当該組合に教育委員会を置く

  ※ただし、地教行法23条の1（職務権限の特例）により、事務の全てをその管理者又は長が管理・執行するものには、教育委員会を置かない

- 地方公共団体が地教行法21条に規定する事務の全部又は一部を処理する組合を設けようとする場合に、当該団体にすでに教育委員会が置かれているとき

  → 当該団体の議会は、組合関係の議決をする前に、当該教育委員会の意見を聴くこと

- 地教行法21条に規定する事務の全部又は一部を処理する地方公共団体の組合の設置許可をする場合

  → 許可処分をする前に、総務大臣は文部科学大臣、都道府県知事は当該都道府県教育委員会の意見を聴くこと

- 地教行法21条に規定する事務の一部を処理する地方公共団体の組合に置かれる教育委員会の教育長又は委員は、その組合を組織する団体の教育委員会の教育長又は委員との兼職が可

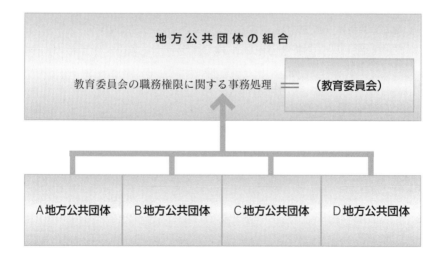

4 学校の種類・設置（1）

学校は、通学する対象者ごとに細分化されており、設置者や設置基準、申請又は届出の方法・手続などの規定が詳細に定められています。まずは大分類を掌握し、それぞれに中身を深めて勉強すると理解が進むと思います。

◘ 学校の範囲（学教法1条）

学校教育法上に規定する「学校」	幼稚園 小学校 中学校 高等学校 中等教育学校（中高一貫教育制度） 特別支援学校（特別支援教育） 大　学 高等専門学校

◘ 学校の設置者（学教法2条）

国（国立大学法人法上の国立大学法人・独立行政法人国立高等専門学校機構を含む）
地方公共団体（地方独立行政法人法上の公立大学法人を含む）
私立学校法上の学校法人

設置者はこれのみである

- 国立学校 ── 国
- 公立学校 ── 地方公共団体
- 私立学校 ── 学校法人

 の設置する学校をいう

◘ 学校の設置義務

項　目	内　容
①小・中学校設置義務 　（学教法38、49条）	市町村は、その区域内にある学齢児童・生徒を就学させるに必要な小・中学校を設置すること
②特別支援学校 　設置義務 　（学教法80条）	都道府県は、その区域内にある学齢児童・生徒のうち、視覚障害者・聴覚障害者・知的障害者・肢体不自由者・病弱者を就学させるに必要な特別支援学校を設置すること
③学校組合の設置 　（学教法39、49条）	市町村は、適当と認めるときは、小・中学校設置事務の全部又は一部を処理するため、市町村組合の設置が可
④教育事務の委託 　（学教法40、49条）	市町村は、①③が不可能又は不適当なら、小・中学校の設置に代え、学齢児童・生徒の全部又は一部の教育事務を、他の市町村又は③の市町村組合に委託が可
⑤設置補助 　（学教法41条）	町村が③④の規定による負担に堪えないと都道府県教育委員会が認めるとき ➡　都道府県は必要な補助を与えること

◘ 学校の設置基準（学教法3条、学教法施規36条、40条、69条ほか）

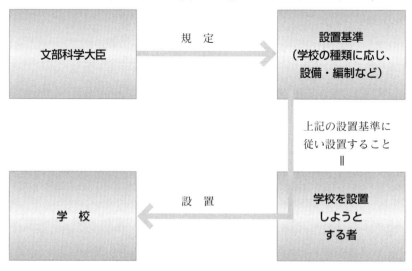

4 学校の種類・設置（2）

◘設置廃止等の認可（学教法4条①）

- 下記事項については、右ページの学校区分に応じ、各認可権者の認可を受けること

①学校の設置・廃止、設置者の変更
②高等学校（中等教育学校の後期課程を含む）の全日制・定時制・通信制の課程、大学の学部、大学院及びその研究科、短期大学の学科の設置・廃止、設置者の変更
③その他政令で定める事項（学教法施令23条）

　ア　市町村の設置する特別支援学校の位置の変更

　イ　高等学校（中等教育学校の後期課程を含む）の学科又は市町村の設置する特別支援学校の高等部の学科・専攻科・別科の設置・廃止

　ウ　特別支援学校の幼稚部・小学部・中学部・高等部の設置・廃止

　エ　市町村の設置する特別支援学校の高等部の学級編成・変更

　オ　特別支援学校の高等部における通信教育の開設・廃止、大学における通信教育の開設

　カ　私立大学の学部の学科の設置

　キ　大学院（専門職大学院を含む）の研究科の専攻の設置、当該専攻に係る課程の変更

　ク　高等専門学校の学科の設置

　ケ　市町村の設置する幼稚園・高等学校、中等教育学校、特別支援学校の分校の設置・廃止

　コ　高等学校（中等教育学校の後期課程を含む）の広域の通信制課程に係る学則の変更

　サ　私立学校又は私立各種学校の収容定員に係る学則の変更

[学校の区分と認可権者]（学教法4条①Ⅰ～Ⅲ、④）

学校の区分	認可の要否 認可権者
ア　公立又は私立の大学・高等専門学校	要 文部科学大臣
イ　市町村立の幼稚園・高等学校・中等教育学校・特別支援学校	要 都道府県教育委員会
ウ　私立の幼稚園・小学校・中学校・高等学校・中等教育学校・特別支援学校	要 都道府県知事
エ　国立学校	不　要 （認可主義の例外）
オ　都道府県立の幼稚園・小学校・中学校・高等学校・中等教育学校・特別支援学校（都道府県の特別支援学校設置は義務）	
カ　市町村立の小学校・中学校 　　（市町村の小・中学校設置は義務）	

※地方自治法上の指定都市が設置する幼稚園の場合は、上記は不適用（あらかじめ、都道府県教育委員会に届け出ること）

> **ワンポイント・アドバイス**
>
> 国はすべて不要、都道府県は大学・高等専門学校以外不要、市町村は小・中学校以外必要、私立はすべて必要、と覚えるとよい

◘市町村立小・中学校の設置・廃止等の届出（学教法施令25条）

- 市町村教育委員会は、当該市町村の設置する小・中学校について、下記事項があれば、都道府県教育委員会に届け出ること
  ①設置し、又は廃止しようとするとき
  ②新たに設置者となり、又は設置者たることをやめようとするとき
  ③名称又は位置を変更しようとするとき
  ④分校を設置し、又は廃止しようとするとき
  ⑤二部授業を行おうとするとき

  ※⑤の場合は、特別支援学校の小・中学部についても届出が必要

4 学校の種類・設置（3）

◘ 大学・高等専門学校の設置・廃止等の届出（学教法4条②）

下記a～dの事項を行うときは、認可不要

```
┌─────────────┐   ただし、          ┌─────────────┐
│             │   あらかじめ届け出ること │ 公立又は私立の │
│ 文部科学大臣 │ ←──────────────── │ 大学・高等専門学校を │
│             │                     │ 設置する者 │
└─────────────┘                     └─────────────┘
```

a　大学の学部又は大学院の研究科の設置であって、当該大学が授与する学位の種類・分野の変更を伴わないもの

b　短期大学の学科の設置であって、当該大学が設置する学科の分野の変更を伴わないもの

c　大学の学部若しくは大学院の研究科又は短期大学の学科の廃止

d　a～cに掲げるもののほか、<u>政令で定める事項</u>（学教法施令23条の2）

　　ア　私立大学の学部の学科の設置、公立・私立の大学院の研究科の専攻の設置・専攻に係る課程の変更であって、学位の種類・分野の変更を伴わないもの

　　イ　高等専門学校の学科の設置であって、分野の変更を伴わないもの

　　ウ　大学における通信教育の開設であって、学位の種類・分野の変更を伴わないもの

　　エ　私立大学又は高等専門学校の収容定員に係る学則の変更であって、当該収容定員の総数増加を伴わないもの

　　オ　私立大学の通信教育に係る収容定員に係る学則の変更であって、当該収容定員の総数増加を伴わないもの

◆文部科学大臣の措置命令（学教法4条③）

大学・高等専門学校の設置廃止等の届出があった場合、法令の規定に適合しなければ、文部科学大臣は必要な措置をとるべきことを命ずることが可

◆学校設置の認可申請・届出手続（学教法施規3条）

● 学校設置についての認可申請又は届出は、認可申請書又は届出書に下記のものを添えて行うこと

ア 目 的	エ 学 則	
イ 名 称	オ 経費の見積り及び維持方法	➡ を記載した書類
ウ 位 置	カ 開設の時期	
キ 校地・校舎等の図面		

◆学則の必要記載事項

● 学則には、少なくとも、下記事項を記載すること（学教法施規4条①）
　ア　修業年限、学年、学期、休業日に関する事項
　イ　部科及び課程の組織に関する事項
　ウ　教育課程及び授業日時数に関する事項
　エ　学習評価及び課程修了の認定に関する事項
　オ　収容定員及び職員組織に関する事項
　カ　入学・退学・転学・休学・卒業に関する事項
　キ　授業料・入学料その他の費用徴収に関する事項
　ク　賞罰に関する事項
　ケ　寄宿舎に関する事項

● 通信制を置く高等学校（中等教育学校の後期課程を含む）については、学則には、下記事項を記載すること（学教法施規4条②）
　ア　通信教育を行う区域に関する事項
　イ　通信教育について協力する高等学校に関する事項

4 学校の種類・設置 (4)

◘学校等の廃止の認可申請・届出手続(学教法施規15条)

- 次の学校等に関する廃止についての認可申請又は届出は、それぞれ認可申請書又は届出書に、廃止事由・時期、幼児・児童・生徒・学生の処置方法を記載した書類を添えて行うこと

学 校	内 容
学校・分校	●廃止
高等学校 (中等教育学校の後期課程を含む)	●全日制・定時制・通信制の課程の廃止 ●学科・専攻科・別科の廃止
特別支援学校	●幼稚部・小学部・中学部・高等部の廃止 ●高等部の学科・専攻科・別科の廃止
大 学	●学部・学部の学科の廃止 ●大学院・大学院の研究科若しくは研究科の専攻の廃止 ●短期大学の学科の廃止
高等専門学校	●学科の廃止

◘各種認可申請・届出手続

❶特別支援学校の設置の認可申請手続(学教法施規13条)

- 特別支援学校の幼稚部・小学部・中学部・高等部の設置についての認可申請は、認可申請書に、事由・名称・位置・学則の変更事項・経費の見積り及び維持方法・開設の時期を記載した書類に、その使用に係る部分の校地・校舎等の図面を添えて行うこと

❷学校の目的等の変更の認可申請・届出手続(学教法施規5条)

- 学校の目的・名称・位置・学則・経費の見積り及び維持方法の変更についての認可申請又は届出は、それぞれ認可申請書又は届出書に、変更の事由及び時期を記載した書類を添えて行うこと

❸市町村立高等学校等の名称変更等の届出等(学教法施令26条)

- 次の学校について、名称・位置・学則を変更するときは、設置者がその旨をそれぞれの所轄庁に届け出ること

学　校	設置者（届出者）	届出先
幼稚園 高等学校 中等教育学校 特別支援学校	市町村 （市町村教育委員会）	都道府県教育委員会
大　学	市町村、都道府県、公立大学法人 （市町村長、知事、公立大学法人の理事長）	文部科学大臣
高等専門学校	市町村、都道府県、公立大学法人（市町村又は都道府県教育委員会、公立大学法人の理事長）	文部科学大臣

- 市町村教育委員会は、市町村立高等学校の専攻科・別科を設置・廃止しようとするときは、その旨を都道府県教育委員会に届け出ること

- 指定都市教育委員会は、当該指定都市立幼稚園の分校を設置・廃止しようとするときは、その旨を都道府県教育委員会に届け出ること

- 都道府県教育委員会は、市町村立高等学校で広域の通信制課程を置くものについて、名称・位置の変更の届出を受けたときは、その旨を文部科学大臣に報告すること

- 都道府県教育委員会は、当該都道府県立高等学校で広域の通信制課程を置くものについて、名称・位置を変更したときは、その旨を文部科学大臣に報告すること

❹校地・校舎等の権利取得・処分等の届出手続（学教法施規６条）

- 学校の校地・校舎等に関する権利を取得・処分・用途変更・改築等により、これらの現状に重要な変更を加えることについての届出は、届出書に、その事由及び時期を記載した書類、当該校地・校舎等の図面を添えて行うこと

4 学校の種類・設置 (5)

❺分校設置の認可申請・届出手続（学教法施規7条）
- 分校（私立も含む）設置についての認可申請又は届出は、それぞれ認可申請書又は届出書に、下記事項を記載した書類、当該校地・校舎等の図面を添えて行うこと
  - ア 事　由　　エ 学則の変更事項
  - イ 名　称　　オ 経費の見積り及び維持方法
  - ウ 位　置　　カ 開設の時期

❻二部授業実施の届出手続（学教法施規9条）
- 二部授業を行うことについての届出は、届出書に、その事由、期間、実施方法を記載した書類を添えて行うこと

❼学級編制・その変更の認可申請・届出手続（学教法施規10条）
- 学級編制についての認可申請は、認可申請書に、各学年ごとの各学級別の生徒数を記載した書類を添えて行うこと
- 学級編制の変更についての認可申請は、認可申請書に、変更事由及び時期、変更前後の各学年ごとの各学級別の生徒数を記載した書類を添えて行うこと

❽課程等の設置・変更の認可申請・届出手続（学教法施規11条）
- 次の学校について、課程等の設置をするときは、それぞれ認可申請書又は届出書に、事由・名称・位置・学則の変更事項・経費の見積り及び維持方法・開設の時期を記載した書類に、その使用に係る部分の校地・校舎等の図面を添えて、申請又は届出を行うこと

学　校	内　容
高等学校 （中等教育学校の後期課程を含む）	●全日制・定時制・通信制の課程 ●学科・専攻科・別科
特別支援学校	●高等部の学科・専攻科・別科
大　学	●学部、学部の学科 ●大学院、大学院の研究科若しくは研究科の専攻 ●短期大学の学科
高等専門学校	●学　科

※大学院の研究科の専攻に係る課程の変更についても、上記と同様である

❾通信教育の開設手続（学教法施規12条）

- 特別支援学校の高等部又は大学における通信教育の開設についての認可申請又は届出は、それぞれ認可申請書又は届出書に、事由・名称・位置・学則の変更事項・経費の見積り及び維持方法・開設の時期を記載した書類に、その使用に係る部分の校地・校舎等の図面を添えて行うこと
- 特別支援学校の高等部又は大学における通信教育に関する規程の変更についての届出は、届出書に、変更事由・時期を記載した書類を添えて行うこと
- 特別支援学校の高等部又は大学における通信教育の廃止についての認可申請又は届出は、それぞれ認可申請書又は届出書に、廃止事由・時期・生徒又は学生の処置方法を記載した書類を添えて行うこと

◆設置者変更の認可申請・届出手続（学教法施規14条）

- 学校設置者の変更についての認可申請又は届出は、それぞれ認可申請書又は届出書に、当該変更に関係する地方公共団体（公立大学法人を含む）又は学校法人が連署して、変更前後の目的・名称・位置・学則・経費の見積り及び維持方法の事項、変更の事由・時期を記載した書類を添えて行うこと
- 地方公共団体の設置する大学の設置者を当該団体が新たに設立する公立大学法人に変更する場合の認可申請は、当該団体が上記要領で行う（連署は不要）

◆一貫教育（学教法71条）

中等教育学校以外に、次のものがある

①連携型中学校・高等学校（学教法施規75条、87条）
　　異なる設置者が設置する中学校・高等学校
　　　→ 協議により、連携しての中高一貫教育が可

②併設型中学校・高等学校（学教法71条、学教法施規115条）
　　同一の設置者が設置する中学校・高等学校
　　　→ 文部科学大臣の定めにより、中等教育学校に準じて、中高一貫教育が可

※詳細は、110ページを参照されたい

4 学校の種類・設置（6）

◘特別支援教育

❶特別支援学校の目的（学教法72条）

視覚障害者・聴覚障害者・知的障害者・肢体不自由者・病弱者（身体虚弱者を含む）に対し、

> ア　幼稚園、小・中学校、高等学校に準ずる教育を施す
> イ　障害による学習上又は生活上の困難を克服し、自立を図るために必要な知識技能を授ける

❷実施内容の明示義務（学教法73条）

特別支援学校においては、❶に規定する者に対する教育のうち、当該学校が行うものを明らかにすること

❸助言・援助（学教法74条）

特別支援学校は、幼稚園、小・中学校、高等学校、中等教育学校の要請に応じ、❻に規定する幼児・児童・生徒の教育に関し、必要な助言又は援助を行うよう努めること

❹設置する部署等（学教法76条、78〜79条）

特別支援学校に必ず置く（必置）	小学部及び中学部 （特別の必要があれば、その１つのみの設置が可）
	寄宿舎、寄宿舎指導員 （特別の事情があれば、設けないことが可）
特別支援学校に置くことが可（任意）	幼稚部又は高等部 （特別の必要があれば、小・中学部を置かず、幼稚部又は高等部のみを置くことが可）

特別支援学校の幼稚部の保育内容・小・中学部の教育課程、高等部の学科・教育課程

> 幼稚園、小・中学校、高等学校に準じて、文部科学大臣が定める（学教法77条）

❺都道府県の責務（学教法80条）

その区域内にある学齢児童・生徒のうち、視覚障害者・聴覚障害者・知的障害者・肢体不自由者・病弱者で、政令で規定する障害程度の者を就学させるに必要な特別支援学校を設置すること

⟶ 特別支援学校の設置者は、都道府県である

❻特別支援学校以外での特別支援教育（学教法81条）

ア 該当校
幼稚園、小・中学校、高等学校、中等教育学校

イ 対象者
下記に該当する幼児、児童・生徒その他教育上特別の支援を必要とする幼児、児童・生徒

知的障害者、肢体不自由者、身体虚弱者、弱視者、難聴者、その他障害者で特別支援学級で教育を行うことが適当な者

ウ 内容
文部科学大臣の定めにより、障害による学習上又は生活上の困難を克服するための教育を行う

※「特別支援学級」については、90ページ参照のこと

5 学校運営（1）

学校を運営するということは、授業などの純粋な教育部門だけではなく、児童・生徒等の掌握・指導監督、保護者との折衝、書類の整備、危機管理など総合的な経営能力が問われることになります。この点の意識を高く持って、勉強してください。

◘学校運営の流れ

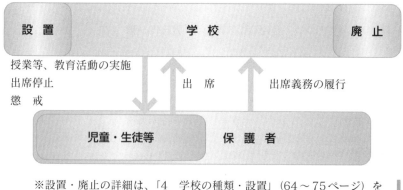

※設置・廃止の詳細は、「4 学校の種類・設置」（64〜75ページ）を参照のこと

◘学校の管理・経費負担（学教法5条）

| 学校の設置者 | 設置する学校を管理する
法令に特別の定めのある場合を除き、学校の経費を負担する
　→EX：義務教育費国庫負担法における教職員の給与
　　　　及び報酬等に要する経費の国庫負担 |

◘授業料の徴収（学教法6条）

原則
　学校においては、授業料の徴収が可

例外
　●下記の学校は、授業料の徴収が不可
　　国公立の小・中学校、中等教育学校の前期課程又は特別支援学校の小学部及び中学部における義務教育

憲法第26条2項後段「義務教育は、これを無償とする」

◘ 校長の出席状況明示義務（学教法施令19条）

小・中学校、中等教育学校、特別支援学校の校長は、常にその学校に在学する学齢児童・生徒の出席状況を明らかにしておくこと

◘ 出席簿（学教法施規25条）

校長（学長を除く）は、当該学校に在学する児童・生徒等について、出席簿を作成すること

◘ 長期欠席者等の教育委員会への通知（学教法施令20条）

小・中学校、中等教育学校、特別支援学校の校長は、在校児童・生徒が、休業日を除き引き続き7日間出席せず、その他その出席状況が不良の場合、保護者に正当な事由がなければ、速やかに、その旨を当該市町村教育委員会に通知すること

◘ 教育委員会の行う出席の督促（学教法施令21条）

市町村教育委員会は、校長から、上記の出席状況不良の通知を受けたとき等で、保護者が下記の就学させる義務を怠っていると認めるときは、当該児童・生徒の出席を督促すること

　※1　学校教育法17条1項
　　　　小学校又は特別支援学校の小学部へ就学させる義務
　　2　学校教育法17条2項
　　　　中学校若しくは中等教育学校又は特別支援学校の中学部へ就学させる義務

5 学校運営（2）

◘児童・生徒の出席停止（学教法35条、49条）

本人に対する懲戒という観点ではなく、学校の秩序維持、他の児童・生徒の義務教育を受ける権利の保障という観点から設けた制度
（平13.11.6初中局長通知）

市町村教育委員会 → 児童・生徒の出席停止を命じることが可 → 児童・生徒の保護者

☆出席停止命令が発動できる児童・生徒の要件

下記行為の1又は2以上を繰り返し行う等、性行不良であって他の児童・生徒の教育の妨げになること

① 他の児童・生徒に傷害、心身の苦痛、財産上の損失を与える行為
② 職員に傷害又は心身の苦痛を与える行為
③ 施設又は設備を損壊する行為
④ 授業その他の教育活動の実施を妨げる行為

★出席停止の手続

- あらかじめ保護者の意見を聴取（同意を得ることまでは不要）
- 理由及び期間を記載した文書を交付
- 出席停止期間における学習支援その他教育上必要な措置を講ずること

※学校教育法に規定するもののほか、手続に関し必要な事項は、教育委員会規則で定めること

◆児童・生徒・学生の懲戒（学教法11条）

```
┌─────────┐    体罰は不可    ┌─────────┐
│ 校  長  │ ───────────→ │児童・生徒・学生│
│ 教  員  │                  │         │
└─────────┘                  └─────────┘
     │
     ↓
```

文部科学大臣の定めにより、懲戒を加えることが可

(学教法施規26条)

①校長・教員が児童・生徒・学生に懲戒を加えるに当たっては、その心身の発達に応ずる等、教育上必要な配慮をすること

②懲戒のうち、退学・停学・訓告の処分は、校長（大学では、学長の委任を受けた学部長を含む）が行う

※停学は、学齢児童・生徒に行うことは不可

③退学は、公立の小・中学校、特別支援学校に在学する学齢児童・生徒を除き、下記の1つに該当する児童・生徒・学生に対して行うことが可
　　ア　性行不良で改善の見込みがないと認められる者
　　イ　学力劣等で成業の見込みがないと認められる者
　　ウ　正当の理由がなくて出席常でない者
　　エ　学校の秩序を乱し、その他学生又は生徒としての本分に反した者

※体罰は不可だが、一定限度内での有形力の行使は可
　（昭56.4.1 東京高裁判）

5 学校運営（3）

◘学校閉鎖命令（学教法13条、133条、134条②、143条）

学校が下記いずれかに該当する場合は、設置認可権者は、当該学校の閉鎖命令が可
　ア　法令の規定に故意に違反したとき
　イ　法令の規定により、その者がした命令に違反したとき
　ウ　6か月以上授業を行わなかったとき

↓

閉鎖命令に違反した者は、6か月以下の懲役若しくは禁錮又は20万円以下の罰金に処する

◘指導要録（学教法施規24条）

校　長

①在学児童・生徒等の指導要録（学習・健康の状況を記録した書類の原本）を作成すること

②児童・生徒等が進学した場合には、その作成に係る当該児童・生徒等の指導要録の抄本又は写しを作成し、これを進学先の校長に送付すること

③児童・生徒等が転学した場合には、その作成に係る当該児童・生徒等の指導要録の写しを作成し、その写しと②の抄本又は写しを転学先の校長に送付すること

- 指導要録及びその抄本の様式、記入要領、取扱要領の決定は、公立学校にあっては、教育委員会が行う（昭36.5.29初中局長回答）

- 開示すれば、生徒と教師の信頼関係が破壊されるという主張によって、高校入試の資料としての指導要録や内申書の所見欄や評価欄の開示を拒むことは不可（平11.11.26大阪高裁判）

◘ 備付表簿（学教法施規28条）

❶ 学校で備えなければならない表簿は、おおむね下記のとおり
ア　学校に関係のある法令
イ　学則、日課表、教科用図書配当表、学校医執務記録簿、学校歯科医執務記録簿、学校薬剤師執務記録簿、学校日誌
ウ　職員の名簿、履歴書、出勤簿、担任学級・担任の教科又は科目・時間表
エ　指導要録、その写し、抄本、出席簿、健康診断に関する表簿
オ　入学者の選抜・成績考査に関する表簿
カ　資産原簿、出納簿、経費の予算決算についての帳簿、図書機械器具、標本、模型等の教具の目録
キ　往復文書処理簿

❷ 保存期間
ア　指導要録及びその写しのうち、入学・卒業等の学籍に関する記録
　➡　20年間
イ　その他（別に定めるものは除く）
　➡　5年間

◘ 学校廃止後の書類の保存（学教法施令31条）

公立又は私立学校（私立の大学及び高等専門学校を除く）の廃止の場合

⬇

学校区分	対象者
大学以外の公立学校	設置者である市町村又は都道府県の教育委員会
市町村又は都道府県設置の大学	設置者である市町村又は都道府県の長
公立大学法人設置の大学又は高等専門学校	設置者である当該法人の設立団体の長
私立学校	当該校所在の都道府県知事

⬇

それぞれ当該学校の在校生・卒業生の学習・健康の状況を記録した書類（指導要録）を保存すること
※書類の保存期間は、上記「備付表簿」の❷で定めている期間から、当該学校で保存していた期間を控除した期間とする（学教法施規28条③）

学校運営

5 学校運営（4）

◘学校運営評価等（学教法42〜43条、学教法施規66〜68条）

　ア　学校は学校運営の状況につき、適切な項目を設定のうえ自己評価し、
　　➡　改善措置を講じ、教育水準の向上に努めること
　　➡　その結果を公表すること
　イ　評価結果を踏まえ、保護者その他関係者による評価を行い、
　　その結果を公表するよう努めること
　●上記ア及びイの評価結果は、学校設置者に報告すること
　ウ　学校は、保護者・地域住民・その他の関係者の理解を深めるとともに、
　　連携・協力を推進するため、学校運営の情報を積極的に提供すること

◘学校の施設設備と位置（学教法施規1条）

●学校には、その目的を実現するために必要な校地、校舎、校具、運動場、図書室、保健室その他の設備を設けなければならない
●学校の位置は、教育上適切な環境に、これを定めること

◘社会教育施設の附置・目的外利用（学教法137条）

●学校教育上支障のない限り、学校には、社会教育に関する施設を附置し、又は学校の施設を社会教育その他公共のために、利用させることが可

◘設備・授業等の変更命令等（学教法14〜15条）

❶大学及び高等専門学校以外の
- 市町村立学校　➡　都道府県教育委員会
- 私立学校　➡　都道府県知事

設備・授業その他の事項について、
　ア　法令の規定
　イ　都道府県教育委員会又は知事の定める規程
　　➡　ア又はイに違反したときは、変更命令が可

❷公立又は私立の大学及び高等専門学校　➡　文部科学大臣

> ア　設備・授業その他の事項について、法令の規定に違反していると認めるとき
> ⬇
> イ　当該学校に対し、必要措置をとるべき勧告が可
> ⬇
> ウ　上記イによっても勧告事項が改善されない
> ⬇
> エ　当該学校に対し、変更命令が可
> ⬇
> オ　上記エによっても勧告事項が改善されない
> ⬇
> カ　当該学校に対し、勧告事項に係る組織の廃止命令が可

※上記イ、エ、カの勧告又は命令に必要なら、当該学校に対し、報告又は資料の提出要求が可

◨学校の活動

❶学　年（学教法施規59条、79条、103条、104条）

学校の学年　　4月1日～翌年3月31日

特例

　　ア　高等学校の定時制・通信制
　　　　学年による教育課程の区分を分けないことが可
　　　　　＝　単位制高等学校教育課程（学教法施規103条①）
　　イ　修業年限3年をこえる定時制
　　　　最終学年に限り9月30日に終わることが可（学教法施規104条②）
　　ウ　高等学校の途中入学
　　　　校長は、特別の必要があり、かつ教育上支障がないときは、学年（4月1日～3月31日）の途中においても、学期の区分に従い、入学（編入学を除く）を許可し、各学年の課程の修了・卒業を認めることが可（学教法施規104条③）

5 学校運営（5）

❷授業終始の時刻（学教法施規60条、79条、104条ほか）
校長が定める
→ 季節、通学距離、交通事情等を考慮して適切に定めること

❸学　期〔公立学校〕（学教法施令29条）
当該学校を設置する市町村又は都道府県の教育委員会が定める
→ EX：東京都立学校の管理運営に関する規則（昭35教則8）4条
学年を分けて、次の3学期とする
第1学期　4月1日から8月31日まで
第2学期　9月1日から12月31日まで
第3学期　1月1日から3月31日まで
（校長の申出により前期及び後期の2学期とすることがある）
※1　私立学校の学期は、学則で定める（学教法施規62条）
※2　公立大学法人の設置する高等専門学校については、当該法人の理事長が定める（学教法施令29条）

❹授業日（授業日数）

幼稚園 （学教法施規37条、幼稚園教育要領総則）	● 毎学年の教育週数は、特別の事情のある場合を除き39週を下ること不可 ● 1日4時間を標準とすること
小・中学校 （小・中学校学習指導要領総則）	● 年間35週（小学1年は34週）以上にわたるよう計画する
高等学校 （高等学校学習指導要領総則）	● 全日制課程で年間35週を標準とする ● 特に必要があれば、特定の学期又は期間に行うことが可

❺休業日〔公立学校〕(学教法施令29条、学教法施規61条ほか)

ア 国民の祝日に関する法律に規定する日
イ 日曜日・土曜日
ウ <u>学校教育法施行令29条</u>により教育委員会の定める日
　　＝
　夏季・冬季・学年末・農繁期等について、当該学校を設置する市町村又は都道府県の教育委員会が定める

※1　私立学校の学期は、学則で定める（学教法施規62条）
※2　公立大学法人の設置する高等専門学校については、当該法人の理事長が定める（学教法施令29条）

❻臨時休業日

ア　非常変災等（学教法施規63条ほか）
→ 校長は、非常変災その他急迫の事情があるときは、臨時に授業を行わないことが可（公立学校では、その旨を教育委員会に報告すること）

※教員の一斉休暇闘争（ストライキ）は、急迫の事情にあたらない（昭29.2.19雑発53）

イ　感染症予防（学保法20条）
→ 学校設置者は、感染症予防上必要があるときは、臨時に学校の全部又は一部の休業を行うことが可

❼振替授業（学教法施規61条但書き）

特別の必要があれば、祝日又は日曜日・土曜日に授業を行うことが可

6 学校教育の目的・目標等（1）

物事を進めるに当たっては、すべて目的・目標をしっかり持つことが重要です。学校教育は、対象児童・生徒等の健全な育成を見据えて、それぞれの学校種別ごとに目指すべき方向性が明示されていますので、この機会に頭に入れておきましょう。

◘学校教育の目的

種　別	内　容
幼稚園 （学教法22条）	義務教育及びその後の教育の基礎を培うものとして、幼児を保育し、幼児の健やかな成長のために適当な環境を与えて、その心身の発達を助長すること
小学校 （学教法29条）	心身の発達に応じて、義務教育として行われる普通教育のうち基礎的なものを施すこと
中学校 （学教法45条）	小学校における教育の基礎の上に、心身の発達に応じて、義務教育として行われる普通教育を施すこと
高等学校 （学教法50条）	中学校における教育の基礎の上に、心身の発達及び進路に応じて、高度な普通教育及び専門教育を施すこと
中等教育学校 （学教法63条）	小学校における教育の基礎の上に、心身の発達及び進路に応じて、義務教育として行われる普通教育並びに高度な普通教育及び専門教育を一貫して施すこと
特別支援学校 （学教法72条）	幼稚園・小学校・中学校・高等学校に準ずる教育を施し、障害による学習上又は生活上の困難を克服し自立を図るために必要な知識技能を授けること
大　学 （学教法83条）	学術の中心として、広く知識を授けるとともに、深く専門の学芸を教授研究し、知的、道徳的及び応用的能力を展開させること
高等専門学校 （学教法115条）	深く専門の学芸を教授し、職業に必要な能力を育成すること
専修学校 （学教法124条）	職業若しくは実際生活に必要な能力を育成し、又は教養の向上を図ること

◘ 教育目標

❶幼稚園（学教法23条）
☆下記の目標を達成するよう行われること
①健康、安全で幸福な生活のために必要な基本的な習慣を養い、身体諸機能の調和的発達を図ること
②集団生活を通じて、喜んでこれに参加する態度を養うとともに家族や身近な人への信頼感を深め、自主自律及び協同の精神並びに規範意識の芽生えを養うこと
③身近な社会生活、生命及び自然に対する興味を養い、それらに対する正しい理解と態度及び思考力の芽生えを養うこと
④日常の会話や絵本、童話等に親しむことを通じて、言葉の使い方を正しく導くとともに、相手の話を理解しようとする態度を養うこと
⑤音楽、身体による表現、造形等に親しむことを通じて、豊かな感性と表現力の芽生えを養うこと

❷小・中学校（学教法21条1～10号、30条～31条、46条）
☆下記の目標を達成するよう行われること
①学校内外おける社会的活動を促進し、自主、自律及び協同の精神、規範意識、公正な判断力並びに公共の精神に基づき主体的に社会の形成に参画し、その発展に寄与する態度を養うこと
②学校内外における自然体験活動を促進し、生命及び自然を尊重する精神並びに環境の保全に寄与する態度を養うこと
③我が国と郷土の現状と歴史について、正しい理解に導き、伝統と文化を尊重し、それらをはぐくんできた我が国と郷土を愛する態度を養うとともに、進んで外国の文化の理解を通じて、他国を尊重し、国際社会の平和と発展に寄与する態度を養うこと
④家族と家庭の役割、生活に必要な衣、食、住、情報、産業その他の事項について基礎的な理解と技能を養うこと
⑤読書に親しませ、生活に必要な国語を正しく理解し、使用する基礎的な能力を養うこと
⑥生活に必要な数量的な関係を正しく理解し、処理する基礎的な能力を養うこと

6 学校教育の目的・目標等（2）

⑦生活にかかわる自然現象について、観察及び実験を通じて、科学的に理解し、処理する基礎的な能力を養うこと
⑧健康、安全で幸福な生活のために必要な習慣を養うとともに、運動を通じて体力を養い、心身の調和的発展を図ること
⑨生活を明るく豊かにする音楽、美術、文芸その他の芸術について基礎的な理解と技能を養うこと
⑩職業についての基礎的な知識と技能、勤労を重んずる態度及び個性に応じて将来の進路を選択する能力を養うこと

上記において、生涯にわたり学習する基盤が培われるよう、基礎的な知識・技能を習得させるとともに、これらを活用して課題を解決する思考力等をはぐくみ、主体的に学習に取り組む態度を養うことに、特に意を用いること

⬇

小学校においては、目標達成に資するよう、教育指導を行うに当たり、特に下記活動の充実に努めること
社会教育関係団体及び関係機関との連携に十分配慮すること

| 児童・生徒の体験的な学習活動 | | ●ボランティア活動などの社会奉仕体験活動
●自然体験活動
●その他の体験活動 |

❸高等学校（学教法51条）

☆下記の目標を達成するよう行われること

①義務教育として行われる普通教育の成果をさらに発展拡充させて、豊かな人間性、創造性及び健やかな身体を養い、国家及び社会及び社会の形成者として必要な資質を養うこと
②社会において果たさなければならない使命の自覚に基づき、個性に応じて将来の進路を決定させ、一般的な教養を高め、専門的な知識、技術及び技能を習得させること
③個性の確立に努めるとともに、社会について、広く深い理解と健全な批判力を養い、社会の発展に寄与する態度を養うこと

❹中等教育学校（学教法64条）

☆下記の目標を達成するよう行われること

①豊かな人間性、創造性及び健やかな身体を養い、国家及び社会の形成者として必要な資質を養うこと
②社会において果たさなければならない使命の自覚に基づき、個性に応じて、将来の進路を決定させ、一般的な教養を高め、専門的な知識、技術及び技能を習得させること
③個性の確立に努めるとともに、社会について、広く深い理解と健全な批判力を養い、社会の発展に寄与する態度を養うこと

★中等教育学校の各課程の目標（学教法66〜67条）

①**前期課程（前期3年）**
中等教育学校の目的のうち、小学校における教育の基礎の上に、心身の発達に応じて、義務教育として行われる普通教育を施すことを実現するために、中学校教育の目標に掲げるものを達成するよう行われること

②**後期課程（後期3年）**
中等教育学校の目的のうち、心身の発達及び進路に応じて、高度な普通教育及び専門教育を施すことを実現するために、中等教育学校の目標に掲げるものを達成するよう行われること

※大学、高等専門学校、特別支援学校、専修学校には、教育目標が法定されていない

◪幼稚園による家庭・地域への教育支援（学教法24条）

● 幼稚園は、学教法22条に規定する目的実現のための教育を行うほか、下記のとおり、家庭・地域における幼児期教育の支援に努めること

幼児期教育における各問題につき、保護者・地域住民・その他の関係者からの相談に応じ、必要な情報提供、助言等を行う

7 学級編制

日常の中では、学校に学年があって、それぞれのクラスがあるのが当たり前のように思えますが、そこには実は緻密な編制が施されています。ここでは、その基準の大枠について見てみましょう。

◘ 学級編制のルール

❶ 公立義務教育諸学校（標準法3〜5条、学教法施規121条）

小・中学校（中等教育学校の前期課程を含む）
特別支援学校の小・中学部

| 原　則 | 同学年学級 |

同学年の児童・生徒で編制する

| 例　外 | 複式学級 |

児童・生徒数が著しく少ない等、特別の事情がある場合、数学年の児童・生徒を1学級に編制することが可

| 学級編制の手続 |

- 都道府県教育委員会の定めた基準に従い、その学校の管理機関（市町村教育委員会）が行う
- 市町村教育委員会は、毎学年、学級編制を行ったときは遅滞なく、都道府県教育委員会に届け出なければならない（変更の場合も同様）

❷ 特別支援学級（学教法81条②）

小・中学校、高等学校、中等教育学校には、下記に該当する児童・生徒のために特別支援学級の設置が可

　ア　知的障害者
　イ　肢体不自由者
　ウ　身体虚弱者
　エ　弱視者
　オ　難聴者
　カ　その他障害があり、特別支援学級で教育を行うことが適当な者

疾病療養中の児童・生徒に対して、　特別支援学級を設ける
　又は
教員を派遣する（訪問学級）　　➡　可

◖学級数

種別	学級数
小学校 （学教法施規41条）	12学級以上、18学級以下を標準とする ただし、地域の実態その他により特別の事情があれば、この限りでない
小学校の分校 （学教法施規42条）	特別の事情がある場合を除き、5学級以下とし、上記の小学校の学級数に算入しない
中学校 （学教法施規79条）	小学校の規定を準用
中学校の分校 （学教法施規79条）	小学校の規定を準用 「5学級」は、「2学級」に読み替える

◖学級定員

種別	1学級の標準児童・生徒数
幼稚園 （幼稚園基準3条）	35人以下
公立小・中学校 （標準法3条②）	①同学年学級　　40人（小学校1年の学級は35人） ②複式学級　　　小＝原則16人（1年の児童を含む場合は8人）、中＝8人 ③特別支援学級　8人
公立高等学校 （高校標準法6条）	やむを得ない事情がある場合を除き、全日制又は定時制の課程で、40人
公立特別支援学校 （標準法3条③、 高校標準法14条）	①小・中学部　　6人 ②高等部　　　　8人 ※ただし、①、②とも、重複障害児童・生徒で学級を編制する場合は、3人

※中学校には中等教育学校の前期課程が、高等学校には中等教育学校の後期課程が含まれる

◖少人数学級（学級の弾力的編制）

- 都道府県教育委員会は、当該都道府県における児童・生徒の実態を考慮して特に必要な場合には、40人学級より少ない数を、1学級の児童・生徒数の基準として定めることが可（標準法3条②）

8 学習指導要領（1）

授業を通じて、将来の社会を担う子どもたちを育成するためには、ただやみくもに教えればよいというものではありません。そこで、学校教育の具体的な指針となるべきものが、この学習指導要領になります。指導の一定の水準は、ここが原点になるのです。

◘ 種類及び根拠

> 下記学校の教育課程は、学校教育法施行規則に定めるもののほか、教育課程の基準として文部科学大臣が別に公示する幼稚園教育要領による

種　別	根　拠
幼稚園	学教法施規38条

> 下記学校の教育課程は、学校教育法施行規則に定めるもののほか、教育課程の基準として文部科学大臣が別に公示する学習指導要領による

種　別	根　拠
小学校	学教法施規52条
中学校	学教法施規74条
高等学校	学教法施規84条
中等教育学校	学教法施規109条

> 下記学校の教育課程は、学校教育法施行規則に定めるもののほか、教育課程の基準として文部科学大臣が別に公示する学習指導要領（小・中・高等部）、教育要領（幼稚部）による

種　別	根　拠
特別支援学校	学教法施規129条

🔷 公示による法的拘束力

学習指導要領
＝
文部科学大臣の公示事項 ➡
- 一般的に法規命令の性格なし
- 学校教育法施行規則（文部省令）の委任により制定 ➡ 法律を補充

○学校教育法：各学校段階ごとに教育の目的、目標などを規定。また、教科に関する事項は文部科学大臣が定めることを規定。

○学校教育法施行規則：各教科等の構成、年間標準授業時数を規定。また、教育課程については、文部科学大臣が別に公示する学習指導要領によることを規定。

⬇

法規命令の性格を持つことが可と解される
※国公私立学校を通じて適用される

[判例の動向]

○ 法的拘束力の肯定
　EX：学習指導要領は、全国的な大綱的基準としての性格を持つものと認められ、少なくとも法的見地からは、必要かつ合理的な基準の設定として是認することができるものと解するのが相当である（昭51.5.21最裁判　旭川学力テスト事件ほか）

× 法的拘束力の否定
　EX：学習指導要領は、大綱的基準の限度を超える事項については、法的拘束力が否定される（昭43.6.26札幌高裁判ほか）

🔷 学習指導要領の構成

小・中学校の例（小・中学校学習指導要領）

①総　則

②各教科 ──→ 第1　目　標
　　　　　　 第2　各学年の目標及び内容
　　　　　　　　　（目標、内容、指導計画の作成と各学年
　　　　　　　　　にわたる内容の取扱い）

③道　徳

④特別活動

8 学習指導要領（2）

◘ 「ゆとり教育」から「学力向上」へ

| 1970年代 | 加熱する受験戦争
学校教育における知識偏重・詰め込み教育 | 批判高まる |

| 1976（昭和51）年 | 文部省（現文部科学省）中央教育審議会答申
● 「ゆとり教育」の提言 |

| 1977（昭和52）年 | 学習指導要領の全部改正
●学習内容、授業時数の削減 |

| 1989（平成元）年 | 学習指導要領の全部改正
●学習内容、授業時数の削減
● 1992（平成4）年から第2土曜日が休業日に
● 1995（平成7）年からは第2土曜日に加え、第4土曜日も休業日に
●小学校の第1〜2学年の理科・社会を廃止し、教科「生活」を新設 |

| 1999（平成11）年 | 学習指導要領の全部改正
●学習内容、授業時数の削減
●完全週5日制2002（平成14）年より実施
●「総合的な学習の時間」の新設 |

2000年代に入り、子どもの学力低下を懸念する世論が強まる

2002（平成14）年　文部科学大臣のアピール

「ゆとり教育」から「学力向上」へ路線変更が明確に

「確かな学力の向上のための2002年アピール・『学びのすすめ』」

ア　きめ細かな指導で、基礎・基本や自ら学び自ら考える力を身に付ける
　⇨個に応じたきめ細かな指導の実施を推進し、基礎・基本の確実な定着や自ら学び自ら考える力の育成を図る

イ　発展的な学習で、1人1人の個性等に応じて、子どもの力をより伸ばす
　⇨学習指導要領は最低基準であり、理解の進んでいる子どもは、発展的な学習で力をより伸ばす

ウ　学ぶことの楽しさを体験させ、学習意欲を高める
　⇨総合的な学習の時間などを通じ、子どもたちが学ぶ楽しさを実感できる学校づくりを進め、将来、子どもたちが新たな課題に創造的に取り組む力と意欲を身に付ける

エ　学びの機会を充実し、学ぶ習慣を身に付ける
　⇨放課後の時間などを活用した補充的な学習や朝の読書などを推奨・支援するとともに、適切な宿題や課題など家庭における学習の充実を図ることにより、子どもたちが学ぶ習慣を身に付ける

オ　確かな学力の向上のための特色ある学校づくりを推進する
　⇨学力向上フロンティア事業などにより、確かな学力向上のための特色ある学校づくりを推進し、その成果を適切に評価する

8 学習指導要領（3）

2005（平成17）年　文部科学省中央教育審議会

2月の総会
- 義務教育改革に向けての審議始まる

文部科学大臣が学習指導要領の全面的見直しを要請
ア　基本的教科、特に国語、算数、理科、外国語教育の改善充実
イ　子どもたちが身につけるべき資質・能力の到達目標の明確化
ウ　各教科や「総合的な学習の時間」のあり方
エ　完全学校週5日制の下での土曜日や長期休校日の活用
オ　道徳教育や芸術教育の充実、体力・気力の向上策

10月答申
- 「義務教育の構造改革」

ア　義務教育の充実に国家戦略として取り組む
イ　市区町村、学校の裁量・自由度を高める分権改革（人事や学級編制に関する権限の市区町村への移譲など）を進める
ウ　学習指導要領、教員養成、財源保障など義務教育の基盤整備と、学力調査など結果の検証は、国が責任を負う
エ　国と地方の負担により義務教育費が保障される国庫負担制度は優れた制度であり、これを大事にし、さらに地方の裁量を広げる

◘教育基本法改正から学習指導要領改訂へ

2006（平成18）年　教育基本法の改正

- 第2条（教育の目標）において、今後の教育において重視すべき理念として従来から規定されていた個人の価値の尊重、正義と責任などに加え、新たに、公共の精神、生命や自然を尊重する態度、伝統や文化を尊重し、我が国と郷土を愛するとともに、国際社会の平和と発展に寄与する態度を養うことなどが規定された

2007（平成19）年　学校教育法の一部改正

- 各学校段階の目的・目標規定を改定
- 新たに義務教育の目標等を規定

これら大きな法改正で、学習指導要領改訂の方向性が固まる
- 「生きる力」を支える「確かな学力」、「豊かな心」、「健やかな体」の調和重視
- 学力の重要要素の提示
  - ア　基礎的・基本的な知識・技能の習得
  - イ　知識・技能を活用して課題を解決するために必要な思考力・判断力・表現力等
  - ウ　学習意欲

2008（平成20）年　文部科学省中央教育審議会

1月答申
- 「幼稚園、小学校、中学校、高等学校及び特別支援学校の学習指導要領等の改善について」
- これを受けた学習指導要領改訂の内容は、次項の「学習指導要領改訂の基本的な考え方」のとおり

8 学習指導要領（4）

◘学習指導要領改訂の基本的な考え方

① 改正教育基本法等を踏まえた改訂
- 2006（平成18）年12月　教育基本法が約60年ぶりに改正
  → 教育の新しい理念の構築
- 2007（平成19）年6月　学校教育法の一部改正
  → 教育基本法改正を受けて新たに義務教育の目標が規定されるとともに、各学校段階の目的・目標規定が改正

② 「生きる力」という理念の共有
- 子どもたちの「生きる力」をはぐくむことの必要性や「生きる力」の内容を教育関係者や保護者、社会が自ら考え理解の上、共有する

③ 基礎的・基本的な知識・技能の習得
- 「読み・書き・計算」などの基礎的・基本的な知識・技能の面については、小学校の低・中学年を中心に、発達の段階に応じて徹底して習得させ、学習の基盤を構築していくことが大切である

④ 思考力・判断力・表現力等の育成
- 各学校で子どもたちの思考力・判断力・表現力等を確実にはぐくむために、各教科の指導の中で、観察・実験やレポートの作成、論述といったそれぞれの教科の知識・技能を活用する学習活動を充実させる

⑤ 確かな学力を確立するために必要な授業時数の確保
- 各教科において、基礎的・基本的な知識・技能の習得とともに、それぞれの教科の知識・技能を活用する学習活動を充実することができるよう、特定の必修教科の授業時数を確保することが必要
- 学校の実態等を踏まえ年間授業時数を増加する必要あり

⑥ 学習意欲の向上や学習習慣の確立
- 家庭学習も含めた学習習慣の確立に当たり、特に小学校の低・中学学年期を重視
- 習熟度別・少人数指導や補充的な学習等、きめ細かい個に応じた指導の実施
- 観察・実験やレポートの作成、論述など体験的な学習、知識・技能の活用
- 全国学力・学習状況調査等を通じた教育成果の様々な評価により、設置者等において、学習意欲や学習習慣に大きな課題を抱えている学校を把握し、これらの学校に対する支援に努める

⑦ 豊かな心や健やかな体の育成のための指導の充実
- 自分への自信をもたせる
- 道徳教育の充実・改善である
- 体力の向上など健やかな心身の育成についての指導の充実

◆学習指導要領の改訂に伴う移行措置案　2008.4.24　文部科学省公表

①移行措置期間における基本方針
- 2008(平成20)年度中に周知徹底を図り、2009(平成21)年度から可能なものは先行して実施する
- 移行措置期間中に、教科書の編集・検定・採択を行い、小学校は2011(平成23)年度から、中学校は2012(平成24)年度から新しい学習指導要領を全面実施する

②総則や道徳等は直ちに実施
- 直ちに実施可能な、学習指導要領の総則や、道徳、総合的な学習の時間、特別活動については、2009(平成21)年度から新しい学習指導要領の規定を先行実施する

③算数・数学及び理科は教材を整備して先行実施
- 算数・数学及び理科については、新課程に円滑に移行できるよう、移行措置期間中から、新課程の内容の一部を前倒しして実施する(授業時数の増加も前倒し実施する)
- これに伴い、小学校では、総授業時数を各学年で1コマ増加する(中学校は、選択教科等の授業時数を削減するため、総授業時数は変化なし)
- 新課程の前倒しに伴い、現在の教科書に記載がない事項を指導する際に必要となる教材については、国の責任において作成・配布する(具体的方策は検討中)

④他の各教科等(学校の判断で先行実施)
　ア　各教科(算数・数学及び理科を除く)
- 各教科(算数・数学及び理科を除く)は、学校の判断により、新学習指導要領によることも可能とする
- ただし、以下のものについては、全ての学校で先行実施
地図帳で指導可能な「47都道府県の名称と位置」等の指導(小学校)
音楽の共通歌唱教材として指導する曲数の充実等(小・中学校)
体育の授業時数の増加(小学校低学年)

　イ　小学校における外国語活動
- 第5・6学年における外国語活動は、各学校の裁量により授業時数を定めて実施することが可能(各学年で週1コマまでは、総合的な学習の時間の授業時数を充てることが可能)

8 学習指導要領（5）

◘実施スケジュールと全面実施年度

❶新学習指導要領実施スケジュール

新学習指導要領　実施スケジュール（概要）

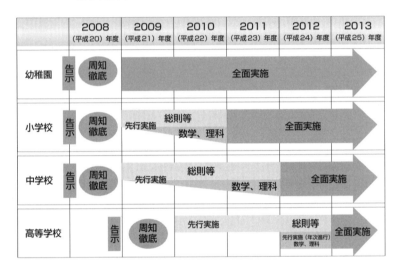

❷新学習指導要領全面実施年度

- 幼稚園の新教育要領：2009（平成21）年度から
- 小学校：2011（平成23）年4月から
- 中学校：2012（平成24）年4月から
- 高等学校：2013（平成25年）度入学生から（数学及び理科は2012（平成24）年度入学生から）
- 特別支援学校の新学習指導要領等：幼稚園、小・中・高等学校に準じる

国旗・国歌と学習指導要領

❶国旗・国歌の根拠

「国旗及び国歌に関する法律」
- 1条（国旗）　国旗は、日章旗とする
  - 2　日章旗の制式は、別記第1のとおりとする
- 2条（国歌）　国歌は、君が代とする
  - 2　君が代の歌詞及び楽曲は、別記第2のとおりとする

※存在自体の根拠はあるが、尊重義務・遵守義務は規定されていない

別記第1

1　寸法の割合及び日章の位置
　縦　　横の三分の二
　日章　直径　縦の五分の三
　　　　中心　旗の中心
2　彩色
　地　　白色
　日章　紅色

別記第2

1　歌詞
君が代は
千代に八千代に
さざれ石の
いわおとなりて
こけのむすまで

2　楽曲

8 学習指導要領（6）

❷入学式・卒業式と国旗掲揚・国歌斉唱

| 入学式や卒業式など | ⇒ | その意義を踏まえ、国旗を掲揚するとともに、国歌を斉唱するよう指導するものとする（学習指導要領「特別活動」） |

政府統一見解　（平成6.10.13）
　学校における国旗・国歌の指導について

ア　学習指導要領は、学校教育法に基づいて、各学校における教育課程の基準として文部省告示で定められたものであり、各学校においては、この基準に基づいて教育課程を編成しなければならないものである

イ　学習指導要領においては、「入学式や卒業式などにおいては、その意義を踏まえ、国旗を掲揚するとともに、国歌を斉唱するよう指導するものとする」とされており、したがって、校長・教員は、これに基づいて児童・生徒を指導するものとする

ウ　このことは、児童・生徒の内心にまで立ち入って強制しようとする趣旨のものではなく、あくまで教育指導上の課題として指導を進めていくことが必要である

[判例等の動向]

EX：学習指導要領の国旗掲揚条項は、法令に適合した必要かつ合理的な基準を定めたもので、学習指導要領として法的効力のあるものであり、また、「日の丸」以外に国旗と認めるに値するものがない以上、この条項にしたがって「国旗」、すなわち「日の丸」を掲揚し、また掲揚しようとした校長の行為は適法な職務行為と認めるほかなく、実力をもってこれを妨害する行為は許される限度を超えていると言わざるを得ない
（平8.2.22大阪地裁判）

EX：国旗・国歌法は、長年の慣行により、国民の間に定着していた「日章旗」及び「君が代」について、成文法でその根拠を定めたものであり、学校における国旗・国歌の指導については、学習指導要領に基づいて行われているところであり、法施行に伴って、このような指導の取扱いを変えるものではない
（平11.9.17初中局長・高等局長通知）

9 教育課程の編成（1）

教育課程とは、教育を効果的に進めるためのプログラムソフトをパッケージしたものとお考えいただければわかりやすいかもしれません。すべての児童・生徒等に直接係わる問題なので、このソフトの編成は非常に重要です。

◘ 編成の基準

①関係法令等	②教育委員会の関与 （地教行法21条Ⅴ、33条）
ア　教育基本法 イ　学校教育法、同施行規則 ウ　地方教育行政の組織及び運営に関する法律 エ　学習指導要領 オ　教育委員会規則	ア　基準の設定 イ　一般的な指示 ウ　指導・助言

◘ 編成権者及び編成内容

- **教育課程** ＝ 学校の教育計画
  → 各学校において編成する
  校長の校務掌理権（学教法37条④）に属するので、教育委員会規則により、校長を編成主体とする自治体が多い

◘ 修業年限

学校区分	年　限	学校区分	年　限
小学校 （学教法32条）	6年	中等教育学校 （学教法65条）	6年（前後期3年ずつの課程）
中学校 （学教法47条）	3年	特別支援学校 （学教法82条）	小・中学校、高等学校の規定を準用
高等学校 （学教法56条）	全日制3年 定時制・通信制3年以上	高等専門学校 （学教法117条）	5年（商船学科は、5年6か月）

※1　大学については、206ページを参照のこと
　2　高等学校の定時制又は通信制の課程の修業年限を定めるに当たっては、勤労青年の教育上適切な配慮をするよう努めること
　　（学教法施規102条）

9 　教育課程の編成（2）

◪届出と承認

[教育課程の編成経路]

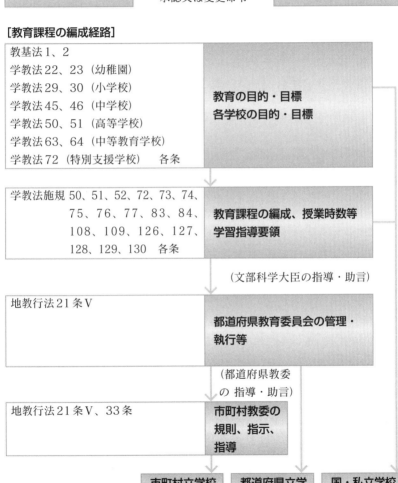

◘ 幼稚園の教育課程

❶教育課程の基準（学教法施規38条）
学校教育法施行規則に定めるもののほか、文部科学大臣が別に公示する幼稚園教育要領による

❷教育週数（学教法施規37条）
幼稚園の毎学年の教育週数は、特別の事情がある場合を除き、39週を下ってはならない

◘ 小学校の教育課程

❶教育課程の基準（学教法施規52条）
学校教育法施行規則に定めるもののほか、文部科学大臣が別に公示する小学校学習指導要領による

❷教育課程の領域（学教法施規50条、小学校学習指導要領）
ア　教　科
　　　国語、社会、算数、理科、生活、音楽、図画工作、家庭、体育
イ　道　徳
ウ　外国語活動
エ　総合的な学習の時間
オ　特別活動
※私立小学校では宗教を加え、これをもって道徳に代えることが可

❸研究開発学校（学教法施規55条）
ア　教育課程改善の研究を行うため、特に必要がある
イ　児童の教育上適切な配慮がなされている
　→　文部科学大臣が認める場合には、教育課程の編成に特例を認めることが可

9 教育課程の編成（3）

❹合科授業（学教法施規53条）
小学校においては必要がある場合は、一部の各教科について、これらを合わせて授業することが可

❺履修困難な各教科の扱い（学教法施規54条）
児童が心身の状況で履修することが困難な各教科は、その児童の心身の状況に適合するように課すること

❻課程の修了・卒業の認定（学教法施規57～58条）
小学校において、各学年の課程の修了又は卒業を認めるに当たって
- ➡ 児童の平素の成績を評価して、これを定めること
- ➡ 校長は、認めた者には、卒業証書を授与すること

　※1　考査不実施、一律評価は、義務違反になる（平2.1.18最裁判）
　　2　認定の時期は各学年の終わりであり、各学年の課程を修了しないで上級学年への進級は認められない（昭29.10.19初中局長回答）
　　3　長期欠席児童・生徒でも、成績による卒業認定が可だが、（中学校の）第3学年の総授業時数の半分以上欠席した者は、特別事情がない限り不可（昭28.3.12初中局長回答）

❼授業時数の標準（学教法施規51条、別表第1）

区分		第1学年	第2学年	第3学年	第4学年	第5学年	第6学年
各教科の授業時数	国語	306	315	245	245	175	175
	社会	—	—	70	90	100	105
	算数	136	175	175	175	175	175
	理科	—	—	90	105	105	105
	生活	102	105	—	—	—	—
	音楽	68	70	60	60	50	50
	図画工作	68	70	60	60	50	50
	家庭	—	—	—	—	60	55
	体育	102	105	105	105	90	90
道徳の授業時数		34	35	35	35	35	35
外国語活動の授業時数		—	—	—	—	35	35
総合的な学習の時間の授業時数		—	—	70	70	70	70
特別活動の授業時数		34	35	35	35	35	35
総授業時数		850	910	945	980	980	980

備考
1　この表の授業時数の1単位時間は、45分とする。
2　特別活動の授業時数は、小学校学習指導要領で定める学級活動（学校給食に係るものを除く。）に充てるものとする。
3　50条第2項の場合において、道徳のほかに宗教を加えるときは、宗教の授業時数をもってこの表の道徳の授業時数の一部に代えることができる。

9 教育課程の編成（4）

❽授業時数等の取扱い（小学校学習指導要領総則第3）
ア　各教科等の授業は、年間35週（第1学年は34週）以上
イ　特別活動のうち、児童会活動、クラブ活動、学校行事については、適切な授業時数を充てる
ウ　それぞれの授業の1単位時間は、年間授業時数を確保しつつ、児童の発達段階及び各教科等や学習活動の特質を考慮して定める
エ　各学校においては、地域や学校、児童の実態等に応じて、創意工夫を生かして、時間割を弾力的に編成運用することに配慮する

◪中学校の教育課程

❶教育課程の基準（学教法施規74条）
学校教育法施行規則に定めるもののほか、文部科学大臣が別に公示する中学校学習指導要領による

❷教育課程の領域（学教法施規72条、中学校学習指導要領総則第2）
ア　教　科

必修教科	国語、社会、数学、理科、音楽、美術、保健体育、技術・家庭、外国語
選択教科	国語、社会、数学、理科、音楽、美術、保健体育、技術・家庭、外国語、その他特に必要な教科

　　　　→地域、学校の実態、生徒の特性その他の事情を考慮して設けることができる

イ　道　徳
ウ　総合的な学習の時間
　※私立中学校では宗教を加え、これをもって道徳に代えることが可
　　（学教法施規79条）
エ　特別活動

❸研究開発学校（学教法施規79条）
❹履修困難な各教科の扱い（学教法施規79条）
❺課程の修了・卒業の認定（学教法施規79条）

　　　　　　　　　　　　　　小学校に関する規定を準用

❻授業時数の標準（学教法施規73条、別表第2）

区　分		第1学年	第2学年	第3学年
各教科の授業時数	国語	140	140	105
	社会	105	105	140
	数学	140	105	140
	理科	105	140	140
	音楽	45	35	35
	美術	45	35	35
	保健体育	105	105	105
	技術・家庭	70	70	35
	外国語	140	140	140
道徳の授業時数		35	35	35
総合的な学習の時間の授業時数		50	70	70
特別活動の授業時数		35	35	35
総授業時数		1015	1015	1015

備考
1　この表の授業時数の1単位時間は、50分とする。
2　特別活動の授業時数は、中学校学習指導要領で定める学級活動（学校給食に係るものを除く。）に充てるものとする。

9 教育課程の編成（5）

> **❼授業時数等の取扱い（中学校学習指導要領総則第3）**
> ア 各教科等の授業は、年間35週以上
> イ 特別活動のうち、生徒会活動、学校行事については、適切な授業時数を充てる
> ウ それぞれの授業の1単位時間は、年間授業時数を確保しつつ、生徒の発達段階及び各教科等や学習活動の特質を考慮して定める

◘ 中・高の系統立った教育とその課程

種 別	内 容
連携型教育 （学教法施規75条、87条）	中学校、高等学校のそれぞれの違う設置者が、協議により一貫性をもった教育を施すこと
併設型教育 （学教法71条）	中学校、高等学校において、同一の設置者が、中等教育学校に準じて一貫した教育を施すこと

◘ 連携型中学校・高等学校の教育課程（学教法施規75条、87条）

- 中学校（併設型を除く）においては、高等学校における教育との一貫性に配慮した教育を施すため、当該中学校の設置者が当該高等学校の設置者との協議に基づく定めにより、教育課程を編成することが可
  > この場合、当該中学校は当該高等学校と連携して、その教育課程を実施する
- 高等学校（併設型を除く）においては、中学校における教育との一貫性に配慮した教育を施すため、当該高等学校の設置者が当該中学校の設置者との協議に基づく定めにより、教育課程を編成することが可
  > この場合、当該高等学校は当該中学校と連携して、その教育課程を実施する

◘ 併設型中学校・高等学校の教育課程（学教法71条、学教法施規115条）

- 併設型中学校及び高等学校においては、中学校における教育と高等学校における教育を一貫して施すため、設置者の定めにより教育課程を編成すること

高等学校の教育課程

❶教育課程の基準（学教法施規84条）
学校教育法施行規則に定めるもののほか、文部科学大臣が別に公示する高等学校学習指導要領による

❷教育課程の領域（学教法施規83条、84条、別表第3、高等学校学習指導要領）
ア　各教科に属する科目
イ　特別活動
ウ　総合的な学習の時間
エ　その他　➡　高等学校学習指導要領による

別表第3　(1) 普通教育に関する各教科

各教科	各教科に属する科目
国語	国語総合、国語表現、現代文A、現代文B、古典A、古典B
地理歴史	世界史A、世界史B、日本史A、日本史B、地理A、地理B
公民	現代社会、倫理、政治・経済
数学	数学Ⅰ、数学Ⅱ、数学Ⅲ、数学A、数学B、数学活用
理科	科学と人間生活、物理基礎、物理、化学基礎、化学、生物基礎、生物、地学基礎、地学、理科課題研究
保健体育	体育、保健
芸術	音楽Ⅰ、音楽Ⅱ、音楽Ⅲ、美術Ⅰ、美術Ⅱ、美術Ⅲ、工芸Ⅰ、工芸Ⅱ、工芸Ⅲ、書道Ⅰ、書道Ⅱ、書道Ⅲ
外国語	コミュニケーション英語基礎、コミュニケーション英語Ⅰ、コミュニケーション英語Ⅱ、コミュニケーション英語Ⅲ、英語表現Ⅰ、英語表現Ⅱ、英語会話
家庭	家庭基礎、家庭総合、生活デザイン
情報	社会と情報、情報の科学

9 教育課程の編成（6）

(2) 専門教育に関する各教科

各教科	各教科に属する科目
農業	農業と環境、課題研究、総合実習、農業情報処理、作物、野菜、果樹、草花、畜産、農業経営、農業機械、食品製造、食品化学、微生物利用、植物バイオテクノロジー、動物バイオテクノロジー、農業経済、食品流通、森林科学、森林経営、林産物利用、農業土木設計、農業土木施工、水循環、造園計画、造園技術、環境緑化材料、測量、生物活用、グリーンライフ
工業	工業技術基礎、課題研究、実習、製図、工業数理基礎、情報技術基礎、材料技術基礎、生産システム技術、工業技術英語、工業管理技術、環境工学基礎、機械工作、機械設計、原動機、電子機械、電子機械応用、自動車工学、自動車整備、電気基礎、電気機器、電力技術、電子技術、電子回路、電子計測制御、通信技術、電子情報技術、プログラミング技術、ハードウェア技術、ソフトウェア技術、コンピュータシステム技術、建築構造、建築計画、建築構造設計、建築施工、建築法規、設備計画、空気調和設備、衛生・防災設備、測量、土木基礎力学、土木構造設計、土木施工、社会基盤工学、工業化学、化学工学、地球環境化学、材料製造技術、工業材料、材料加工、セラミック化学、セラミック技術、セラミック工業、繊維製品、繊維・染色技術、染織デザイン、インテリア計画、インテリア装備、インテリアエレメント生産、デザイン技術、デザイン材料、デザイン史
商業	ビジネス基礎、課題研究、総合実践、ビジネス実務、マーケティング、商品開発、広告と販売促進、ビジネス経済、ビジネス経済応用、経済活動と法、簿記、財務会計Ⅰ、財務会計Ⅱ、原価計算、管理会計、情報処理、ビジネス情報、電子商取引、プログラミング、ビジネス情報管理
水産	水産海洋基礎、課題研究、総合実習、海洋情報技術、水産海洋科学、漁業、航海・計器、船舶運用、船用機関、機械

		設計工作、電気理論、移動体通信工学、海洋通信技術、資源増殖、海洋生物、海洋環境、小型船舶、食品製造、食品管理、水産流通、ダイビング、マリンスポーツ
家　庭		生活産業基礎、課題研究、生活産業情報、消費生活、子どもの発達と保育、子ども文化、生活と福祉、リビングデザイン、服飾文化、ファッション造形基礎、ファッション造形、ファッションデザイン、服飾手芸、フードデザイン、食文化、調理、栄養、食品、食品衛生、公衆衛生
看　護		基礎看護、人体と看護、疾病と看護、生活と看護、成人看護、老年看護、精神看護、在宅看護、母性看護、小児看護、看護の統合と実践、看護臨地実習、看護情報活用
情　報		情報産業と社会、課題研究、情報の表現と管理、情報と問題解決、情報テクノロジー、アルゴリズムとプログラム、ネットワークシステム、データベース、情報システム実習、情報メディア、情報デザイン、表現メディアの編集と表現、情報コンテンツ実習
福　祉		社会福祉基礎、介護福祉基礎、コミュニケーション技術、生活支援技術、介護過程、介護総合演習、介護実習、こころとからだの理解、福祉情報活用
理　数		理数数学Ⅰ、理数数学Ⅱ、理数数学特論、理数物理、理数化学、理数生物、理数地学、課題研究
体　育		スポーツ概論、スポーツⅠ、スポーツⅡ、スポーツⅢ、スポーツⅣ、スポーツⅤ、スポーツⅥ、スポーツ総合演習
音　楽		音楽理論、音楽史、演奏研究、ソルフェージュ、声楽、器楽、作曲、鑑賞研究
美　術		美術概論、美術史、素描、構成、絵画、版画、彫刻、ビジュアルデザイン、クラフトデザイン、情報メディアデザイン、映像表現、環境造形、鑑賞研究
英　語		総合英語、英語理解、英語表現、異文化理解、時事英語

備考
1 　(1)及び(2)の表の左欄に掲げる各教科について、それぞれの表の右欄に掲げる各教科に属する科目以外の科目を設けることができる
2 　(1)及び(2)の表の左欄に掲げる各教科以外の教科及び当該教科に関する科目を設けることができる

9 教育課程の編成（7）

❸研究開発学校（学教法施規85条）

ア　教育課程改善の研究を行うため、特に必要がある
イ　生徒の教育上適切な配慮がなされている

→ 文部科学大臣が認める場合には、教育課程の編成に特例を認めることが可

❹高等学校の標準単位数（学教法施規96条）

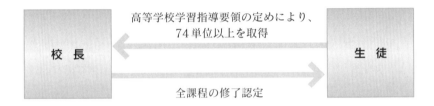

[高等学校の普通教科・科目及び標準単位数]

教科	科目	標準単位	必修科目
国語	国語総合	4	○2単位まで減可
	国語表現	3	
	現代文A	2	
	現代文B	4	
	古典A	2	
	古典B	4	
地理歴史	世界史A	2	｝○
	世界史B	4	
	日本史A	2	
	日本史B	4	｝○
	地理A	2	
	地理B	4	
公民	現代社会	2	「現代社会」又は「倫理」・「政治・経済」
	倫理	2	
	政治・経済	2	
数学	数学Ⅰ	3	○2単位まで減可
	数学Ⅱ	4	
	数学Ⅲ	5	
	数学A	2	
	数学B	2	
	数学活用	2	

理　科	科学と人間生活1	2	┐ 「科学と人間生活」を含む2科目 又は基礎を付した科目を3科目
	物理基礎	2	
	物理	4	
	化学基礎	2	
	化学	4	
	生物基礎	2	
	生物	4	
	地学基礎	2	
	地学	4	
	理科課題研究	1	
保　健体　育	体育	7〜8	○
	保健	2	○
芸　術	音楽Ⅰ	2	┐ ○
	音楽Ⅱ	2	
	音楽Ⅲ	2	
	美術Ⅰ	2	
	美術Ⅱ	2	
	美術Ⅲ	2	
	工芸Ⅰ	2	
	工芸Ⅱ	2	
	工芸Ⅲ	2	
	書道Ⅰ	2	
	書道Ⅱ	2	
	書道Ⅲ	2	
外国語	コミュニケーション英語基礎	2	
	コミュニケーション英語Ⅰ	3	○2単位まで減可
	コミュニケーション英語Ⅱ	4	
	コミュニケーション英語Ⅲ	4	
	英語表現Ⅰ	2	
	英語表現Ⅱ	4	
	英語会話	2	
家　庭	家庭基礎	2	┐ ○
	家庭総合	4	
	生活デザイン	4	
情　報	社会と情報	2	┐ ○
	情報の科学	2	
総合的な学習の時間		3〜6	○2単位まで減可

※ ┐○ は、それらの科目のうち、1科目が必履修であることを示す

9 教育課程の編成（8）

❺単位認定制度（学教法施規97条〜99条）

項　目	内　容
他校での単位修得	ア　校長は教育上有益なら、下記の生徒の単位修得を認定することが可 　　校長の定めにより、他の高等学校又は中等教育学校後期課程で一部の科目の単位を修得 　　　　　↓ 　　その修得単位数を自校の単位数に加える イ　上記アの場合、他の高等学校又は中等教育学校の校長は、その生徒について、一部の科目の履修を許可することが可 ウ　同一の高等学校に置かれている全日制・定時制・通信制の課程相互間の併修に、上記ア、イを準用する
学修による単位授与の特例	校長は教育上有益なら、その校長の定めにより、下記の生徒の学修を科目の履修と見なし、単位授与が可 　a　**教育施設等における学修** 　　　大学・高等専門学校・専修学校の高等課程又は専門課程における学修その他の教育施設等における学修で、文部科学大臣が別に定めるもの 　b　**資格審査等に係る学修** 　　　知識・技能に関する審査で、文部科学大臣が別に定めるものに係る学修 　c　**ボランティア活動等に係る学修** 　　　ボランティア活動その他の継続的に行われる活動（当該生徒の在学校の教育活動として行われるものを除く）に係る学修で、文部科学大臣が別に定めるもの
単位認定に関する制限	他校での単位修得、学修による単位授与の合計数は、36を超えないこと

❻単位制高等学校（学教法施規103条）
各学年ごとに課程を修了する規定に係わらず、学年による教育課程の区分を設けないことが可（3年間トータルで単位を取得する制度）

❼定時制の課程（学教法53条）
高等学校には、定時制の課程を置くことが可
（定時制の課程のみ置くことも可）

❽通信制の課程（学教法54条）
高等学校には、通信制の課程を置くことが可
（通信制の課程のみ置くことも可）

ア　市町村設置の高等学校	➡	都道府県教育委員会
イ　私立高等学校	➡	知　事

⬇

広域の通信制の課程に係る設置廃止等の認可（73ページ参照）を行うとき
＝
全国的に他都道府県に住所を有する者も生徒とするもの

⬇

あらかじめ、文部科学大臣に届け出ること

❾定時制と通信制の二重在籍
文部科学省令（高等学校通信教育規程12条）で併修が認められていることから、可能である

❿定通制の技能教育（学教法55条）
高等学校の定時制又は通信制の課程に在学する生徒
⟶ 当該所在地都道府県教育委員会の指定を受けている技能教育施設で教育を受けているとき

⬇

校長は、文部科学大臣の定めにより、当該施設での学習を、当該高等学校における教科の一部の履修と見なすことが可

⓫2人以上の教頭の設置（学教法61条）
高等学校に、全日制・定時制・通信制の課程のうち2つ以上の課程を置くとき
⟶ それぞれの課程に関する校務を分担・整理する教頭を置くこと

※ただし、命を受けて当該教育課程に関する校務をつかさどる副校長が置かれる1つの課程については、この限りではない

9 教育課程の編成 (9)

◘中等教育学校の教育課程

教育課程の基準（学教法施規108条、109条）
　学校教育法施行規則に定めるもののほか、文部科学大臣が別に定める
　　→ ア　前期課程
　　　　　文部科学大臣が公示する中学校学習指導要領の規定を準用する
　　　　イ　後期課程
　　　　　文部科学大臣が公示する高等学校学習指導要領の規定を準用する

◘特別支援学校の教育課程

❶障害の程度（学教法75条、学教法施令22条の3）

区　分	障害の程度
視覚障害者	①両眼の視力がおおむね0.3未満 ②視力以外の視機能障害が高度のもののうち、拡大鏡等の使用によっても通常の文字、図形等の視覚による認識が不可能又は著しく困難な程度のもの
聴覚障害者	両耳の聴力レベルがおおむね60デシベル以上のもののうち、補聴器等の使用によっても通常の話声を解することが不可能又は著しく困難な程度のもの
知的障害者	①知的発達の遅滞があり、他人との意思疎通が困難で、日常生活を営むのに頻繁に援助を必要とする程度のもの ②知的発達の遅滞の程度が①の程度に達しないもののうち、社会生活への適応が著しく困難なもの
肢体不自由者	①補装具の使用によっても歩行・筆記等、日常生活における基本的な動作が不可能又は困難な程度のもの ②肢体不自由の状態が①の程度に達しないもののうち、常時の医学的観察指導を必要とする程度のもの
病弱者	①慢性の呼吸器疾患、腎臓疾患、神経疾患、悪性新生物その他の疾患の状態が継続して医療又は生活規制を必要とする程度のもの ②身体虚弱の状態が継続して生活規制を必要とする程度のもの

❷特別支援学校における部の設置（学教法76条）

種別	設置
小学部・中学部	どちらも必置 特別の必要があれば、どちらかのみの設置が可
幼稚部・高等部	置くことが可（任意） 特別の必要があれば、小学部・中学部を置かずに、幼稚部又は高等部のみの設置が可

❸特別支援学校における寄宿舎の設置（学教法78条）

特別支援学校には、寄宿舎を設けること
（特別の事情があれば、設けないことが可）

❹教育課程の基準（学教法施規129条）

学校教育法施行規則に定めるもののほか、文部科学大臣が別に公示する特別支援学校小学部・中学部学習指導要領、同高等部学習指導要領、同幼稚部教育要領による

❺研究開発学校（学教法施規132条）

ア　教育課程改善の研究を行うため、特に必要がある
イ　児童・生徒の教育上適切な配慮がなされている

→ 文部科学大臣が認める場合には、教育課程の編成に特例を認めることが可

❻合科授業（学教法施規130条）

小学部・中学部・高等部においては必要がある場合は、一部の各教科等について、これらを合わせて授業することが可

❼幼稚部の教育課程の領域（特別支援学校幼稚部教育要領）

健康、人間関係、環境、言語、表現、自立活動

9 教育課程の編成（10）

❽小学部の教育課程の領域

> 学教法施規126条、特別支援学校小・中学部学習指導要領

ア　教　科
　　国語、社会、算数、理科、生活、音楽、図画工作、家庭、体育
　　（知的障害者を教育する場合は、社会、理科、家庭を除く）
イ　道　徳
ウ　外国語活動 ┐
エ　総合的な学習の時間 ┘ ➡ （知的障害者を教育する場合は除く）
オ　特別活動
カ　自立活動

❾中学部の教育課程の領域

> 学教法施規127条、特別支援学校小・中学部学習指導要領

ア　教　科

必修教科：国語、社会、数学、理科、音楽、美術、保健体育、技術・家庭、外国語〔知的障害者を教育する場合は、外国語を除き（必要な場合には加えることも可）、職業・家庭が入る〕

選択教科：国語、社会、数学、理科、音楽、美術、保健体育、技術・家庭、外国語、その他必要な教科

→ 地域、学校の実態、生徒の特性その他の事情を考慮して設けることができる

イ　道　徳
ウ　総合的な学習の時間
エ　特別活動
オ　自立活動

❿通級による指導

> 学教法施規140条

小・中学校又は中等教育学校前期課程の普通学級に在籍する生徒のうち、言語障害、自閉症、情緒障害、弱視、難聴学習障害、注意欠陥多動性障害等の障害をもつ者で、障害に応じた特別の指導を行う必要がある場合は、特別の教育課程によることが可

⓫他の小・中学校の授業の取扱い

> 学教法施規141条

⓾の特別の教育課程による場合においては、校長は、児童・生徒が当該学校設置者の定めにより、他の小・中学校、中等教育学校前期課程又は特別支援学校の小学部・中学部において受けた授業を、当該小・中学校、中等教育学校前期課程において受けた特別の教育課程に係る授業と見なすことが可

⓬高等部の教育課程の領域

> 学教法施規128条、特別支援学校高等部学習指導要領

- ア　教　科
　別表第3及び別表5（別表3は111〜113ページ参照）に定める各教科に属する科目
- イ　総合的な学習の時間
- ウ　特別活動
- エ　自立活動
- オ　道徳（知的障害者を教育する場合）

⓭課程の修了の認定

> 学教法施規135条②

小学校の規定（学教法施規57条）を小学部・中学部・高等部に準用する「各学年の課程の修了又は卒業」を認めるに当たって
- ➡ 児童・生徒の平素の成績を評価して、これを定めること
　※高等部の場合は、特別支援学校高等部学習指導要領の定めにより、これを行うものとする（学教法施規133条）

◧特色ある教育課程編成の特例
（学教法施規55条の2、79条、85条の2、132条の2）

> 小・中学校、高等学校、特別支援学校の小・中・高等部

- ➡ 当該校又はその地域の実態に照らし、より効果的な教育を実施するため
- ➡ 当該校又はその地域の特色を生かした特別の教育課程編成の必要があり、それが教基法等に照らし適切で、児童の教育上適切な配慮がなされているとして文部科学大臣が定める基準を満たしている場合
- ➡ 学教法施行規則上の教育課程の全部又は一部によらないことが可

教育課程の編成

10 学科・教材（教科書）等 (1)

この分野は、授業を円滑に行うためのツールを取り上げたものです。しかし、特に「教科書」は、単なるツールを超え、それ自体が様々な論争を呼んでいるところに大きな特徴があるので、歴史的経過も含め、ここでご紹介いたします。

◨学科等に関する定め

種　別	内　容
幼稚園 （学教法25条）	教育課程その他保育内容に関する事項は、幼稚園の目的・保育目標に従い文部科学大臣が定める
小学校 （学教法33条）	教育課程に関する事項は、当該学校の目的・教育目標に従い文部科学大臣が定める
中学校 （学教法48条）	
高等学校 （学教法52条、58条）	学科及び教育課程に関する事項は、当該学校の目的・教育目標に従い文部科学大臣が定める 専攻科及び別科を置くことが可
中等教育学校 （学教法68条）	前期課程の教育課程、後期課程の学科及び教育課程に関する事項は、当該学校の目的・教育目標に従い文部科学大臣が定める
特別支援学校 （学教法77条）	特別支援学校の幼稚部の教育課程その他の保育内容、小・中学部の教育課程、高等部の学科及び教育課程に関する事項は、幼稚園、小・中・高等学校に準じて、文部科学大臣が定める
大　学 （学教法91条）	専攻科及び別科を置くことが可
高等専門学校 （学教法116条、119条）	学科を置くこと （必要事項は、文部科学大臣が定める） 専攻科を置くことが可

※学科
　教育課程を編成する上での単位を意味する
　　　　『法令用語辞典』（吉国一郎他共編、学陽書房）より

◆教材

小・中学校、高等学校、中等教育学校、特別支援学校は、下記の定めが適用される

教材の使用 （学教法34条ほか）	①教科用図書 　ア　文部科学大臣の検定を経たもの 　イ　文部科学省が著作の名義を有するもの 　　➡　ア又はイを使用すること ②上記①以外の図書その他の教材 　➡　有益適切なものは使用が可 　　　（136ページ「補助教材の使用」参照） ※①アの検定に関する審議会等については、政令で定める（「教科用図書検定調査審議会」のこと。22ページ参照）

◆教科用図書の分類

教科用図書
- 教科書
  - 検定教科書
    　文部科学大臣の検定を経た教科用図書
  - 文部科学省著作教科書
    　文部科学大臣において著作の名義を有する教科用図書
    　EX：高等学校の職業に関する一部の教科書
    　　　特別支援教育用等の特殊な教科書
- その他の教科用図書
  - 学教法34条ほかに規定する教科用図書以外の教科用図書（学教法附則9条）
    　EX：市販の図書で教科の主たる教材となるものを、教科用図書として設置者が指定したもの

10 学科・教材（教科書）等（2）

◘教科書の定義（教科書発行法2条）

小・中学校、高等学校、中等教育諸学校及びこれらに準ずる学校において、教育課程の構成に応じて組織排列された教科の主たる教材として、教授の用に供せられる児童又は生徒用図書で、下記のもの

　→　ア　文部科学大臣の検定を経たもの
　　　イ　文部科学省が著作の名義を有するもの

◘教科書の使用義務

原　則　（学教法34条、49条、62条、70条、82条）

- 学校においては、検定教科書又は文部科学省著作教科書を使用すること

[判例等]

- 学教法51条（現行62条）により高等学校に準用される同法21条（現行34条）が、高等学校における教科書使用義務を定めた規定であると解することは、憲法26条、教基法10条（現行16条）に違反するものではない（平成2.1.18最裁判）

　　※憲法26条（教育を受ける権利等）　教基法16条（教育行政）

- 学教法21条1項（現行34条1項）の趣旨は、「小学校においては、必ず教科用図書を使用しなければならず、監督庁の検定・認可を経たもの又は監督庁において著作権を有するものでなければならない」と解される（昭26.12.10初中局長回答）
- 教科書を使用したと言い得るためには、教科書を教材として使用しようとする主観的な意図と同時に、客観的にも教科書内容に相当する教育活動が行われなければならない（昭53.7.28福岡地裁判）

特　例　（学教法附則9条、同施規89条、113条、131条、139条）

ア	高等学校、中等教育学校の後期課程、特別支援学校 検定教科書や文部科学省著作教科書がない場合は、設置者の定めにより他の適切な教科用図書の使用が可
イ	小・中学校・中等教育学校の前期課程における特別支援学級 検定教科書を使用することが適当でない場合には、設置者の定めにより、他の適切な教科用図書の使用が可

◘ 教科書の種目

[義務教育学校で使用される教科書]

(1) 小学校用教科書

種目	使用学年					
	第1学年	第2学年	第3学年	第4学年	第5学年	第6学年
国　語	○	○	○	○	○	○
書　写	○	○	○	○	○	○
社　会	―	―	○	(継続使用)	○	○
地　図	―	―	―	―	○	(継続使用)
算　数	○	○	○	○	○	○
理　科	―	―	○	○	○	○
生　活	○	(継続使用)	―	―	―	―
音　楽	○	○	○	○	○	○
図画工作	○	(継続使用)	○	(継続使用)	○	(継続使用)
保　健	―	―	○	(継続使用)	○	(継続使用)
家　庭	―	―	―	―	○	(継続使用)

(2) 中学校用教科書

種目	使用学年		
	第1学年	第2学年	第3学年
国　語	○	○	○
書　写	○	○ (継続使用)	
		○ (継続使用)	
社　会（地理的分野）	○ (継続使用)		―
社　会（歴史的分野）		○ (継続使用)	
社　会（公民的分野）	―	―	○
地　図		○ (継続使用)	
数　学	○	○	○
理　科	○	○	○
音　楽（一般）	○	○ (継続使用)	
音　楽（器楽合奏）		○ (継続使用)	
美　術	○	○ (継続使用)	
保健体育		○ (継続使用)	
技術・家庭（技術分野）		○ (継続使用)	
技術・家庭（家庭分野）		○ (継続使用)	
英　語	○	○	○

※使用学年の欄の「○」は教科書が使用される学年、「―」は授業が行われない学年である
　中学校用教科書の書写は、発行者により分冊形態が異なる

10 学科・教材（教科書）等（3）

◘ **教科書検定**

❶根　拠

学校教育法34条1項
→「文部科学大臣の検定を経たもの」

教科用図書検定規則
→法を受けた具体的な細目（文部科学省令）

❷ねらい

民間で著作された図書について、それが教育基本法・学校教育法の趣旨に合致し、教科用に適することを認定すること

❸仕組み（教科用図書検定規則4条、7条、10条）

[申請図書の審査]

申　請（教科書発行者）
↓
教科用図書検定調査審議会による審査・合否判定
　　決定の留保
↓
検定意見の通知
↓
修正表の提出（教科書発行者）
↓
審議会による修正内容の審査
↓　　　　　↓
検定決定　　検定不合格決定

❹検定基準(義務教育諸学校教科用図書検定基準)

各教科共通条件

1　基本的条件
 (教育基本法及び学校教育法との関係)
 (1) 教育基本法、学校教育法の目的・目標に一致していること
 (学習指導要領との関係)
 (2) 総則の教育方針や各教科の目標に一致していること
 (3) 教科・学年、分野・言語の目標に従い、取り上げていること
 (4) 本文、問題等の内容に不必要なものは取り上げていないこと
 (心身の発達段階への適応)
 (5) 児童・生徒の心身の発達段階に適応しており、心身の健康や安全及び健全な情操の育成について必要な配慮を欠いていないこと

2　選択・扱い及び構成・排列
 (学習指導要領との関係)
 (1) 不適切なところや学習上支障を生ずるおそれのないこと
 (2) 図書の内容に、配慮なく専門的な知識を扱っていないこと
 (3) 授業時数に照らして図書の内容に適切に配分されていること
 (政治・宗教の扱い)
 (4) 政治や宗教の扱いは、適切かつ公正であること (選択・扱いの公正)
 (5) 特定の事項等に偏ることなく、全体の調和がとれていること
 (6) 特定事柄の強調や一面的な見解を取り上げていないこと
 (特定の企業、個人、団体の扱い)
 (7) 特定の営利企業等の宣伝や非難になるおそれのないこと
 (8) 特定個人等の援助、権利の侵害等のおそれがないこと
 (引用資料)
 (9) 引用等は信頼性のあるものを選択、扱いは公正であること
 (10) 引用等は出典、年次など学習上必要な事項が示されていること
 (構成・排列)
 (11) 系統的、発展的構成がされ、組織及び相互の関連は適切であること
 (12) 説明文、注等は主たる記述と適切に関連付けていること
 (13) 実験、観察等は適切な配慮がされていること
 (発展的な学習内容) [略]

3　正確性及び表記・表現　[略]

各教科固有条件 [略]

※高等学校教科用図書検定基準は、上記とほぼ同様である

10 学科・教材（教科書）等（4）

❺教科書をめぐる裁判

東京教育大学の教授を務めた家永三郎氏による教科書検定訴訟が有名

[第1次訴訟　1965（昭和40）年提訴]

項　目	要　旨
原告（家永氏）の主張	●家永氏らが高等学校の日本史用に執筆した『新日本史』（三省堂）が、1962（昭和37）年の教科書検定で不合格とされた件等につき、教科書検定自体の違憲性及び不合格とした文部（現文部科学）大臣の措置により精神的損害を被ったとし、国家賠償請求の民事訴訟を提起した ●教科書検定自体の違憲性では、表現の自由を保障し、検閲を禁止した21条、教育の自由を保障した26条に抵触すること等が主張された
検定不合格の理由	●南京大虐殺、731部隊、沖縄戦等323箇所の記述が「戦争を暗く表現し過ぎている」として不適当とされた ●第2次世界大戦中の日本と諸外国との関係について15ページ以上にわたり重点的に取り上げられており、「ページ配分に偏りがある」とされた
第1審判決 1974（昭和49）年 東京地裁判	●教科書検定は、表現の自由に対する公共の福祉による制限であり、受忍すべきものであるから、憲法21条が禁じる「検閲」には当たらない（ただし、検定の一部には裁量権の濫用があるとして、家永氏の請求を一部認容した） ●国家には国民の教育権があるとして、検定の憲法26条違反を否定
第2審判決 1986（昭和61）年 東京高裁判	●国の主張を全面的に採用し、検定における裁量権の濫用も否定（請求棄却で、家永氏全面敗訴）
上告審判決 1993（平成5）年 最裁判	●第2審判決をほぼ踏襲（上告棄却で、家永氏全面敗訴）

[第2次訴訟　1967（昭和42）年提訴]

項　目	要　旨
原告（家永氏）の主張	●家永氏らが高等学校の日本史用に執筆した『新日本史』（三省堂）が、1966（昭和41）年の教科書検定で不合格とされた件につき、この行政処分が違法であるとして、取消を求める行政事件訴訟を提起した
第1審判決 1970（昭和45）年 東京地裁判	●教科書検定は、憲法21条が禁止する「検閲」に当たり違憲であり、また教育の不当支配の排除を定めた教育基本法にも違反する（請求認容で、家永氏全面勝訴）
第2審判決 1975（昭和50）年 東京高裁判	●検定判断は、行政としての一貫性を欠く（国の控訴を棄却、家永氏勝訴）
上告審判決 1982（昭和57）年 最裁判	●処分当時の学習指導要領がすでに改訂されており、原告に、処分取消請求をする訴えの利益があるか否かが問題になる（第2審判決破棄差戻し）
差戻審判決 1989（平成元）年 東京高裁判	●処分当時の学習指導要領がすでに改訂されており、原告は処分取消請求をする訴えの利益を失った（第1審判決破棄、請求却下）

[第3次訴訟　1984（昭和59）年提訴]

項　目	要　旨
第1審判決 1989（平成元）年 東京地裁判	●検定のうち「草奔隊」に関する記述ついて、違法を認めた
第2審判決 1993（平成5）年 東京高裁判	●「南京大虐殺」「南京での婦女暴行」記述への検定を違法とした
上告審判決 1997（平成9）年 最裁判	●「731部隊」の記述にも違法を認めた（計4箇所の検定違法が確定）

※1　憲法21条…表現の自由の保障、検閲の禁止、通信の秘密
　2　憲法26条…教育を受ける権利、教育を受けさせる義務、義務教育の無償

10 学科・教材（教科書）等（5）

> **※参考1**
>
> 家永三郎氏
> - 1913（大正2）年、名古屋市生まれ
> - 1937（昭和12）年、東京大学（旧東京帝国大学）文学部国史学科卒業（日本思想史・文化史専攻）
> - 1944（昭和19）年から東京高等師範学校（1949年から東京教育大学になる）に勤務し、1977（昭和52）年まで同大教授
> - 1978（昭和53）年から1984（昭和59）年まで、中央大学教授
> - この間、1952（昭和27）年から高等学校の日本史教科書「新日本史」（三省堂）を執筆、1962（昭和37）年の教科書検定で323箇所が不適当とされ、1965（昭和40）年に第1次訴訟を起こした
> - 裁判は、1997（平成9）年の第3次訴訟の最高裁判決をもって終結したが、1次訴訟の提起から32年もかかっており、「最も長い民事訴訟」としてギネスブックに認定された

> **※参考2**
>
> 東京教育大学
> - 1949（昭和24）年、前身の東京高等師範学校・東京文理科大学を統合して設立
> - 1965（昭和40）年には、家永三郎教授による教科書裁判と、朝永振一郎教授によるノーベル物理学賞受賞で、国民的な注目を集める
> - 1978（昭和53）年、大学再編の波の中、閉校（跡地には、筑波大学が新設される）

> **※参考3**
>
> 憲法21条（表現の自由）が争点となった主な有名判例
> - 北方ジャーナル事件…仮処分による雑誌発行の事前差止めは、憲法21条にいう「検閲」には当たらない（昭61.6.11最裁判）
> - 博多駅テレビフィルム事件…裁判所が刑事裁判の公正を期すために、報道機関に対し取材フィルムの提出を命じることは、憲法21条に違反しない（昭44.11.26最裁判）
> - 石井記者事件…憲法21条は、新聞記者に対し、その取材源に関する法廷での証言拒絶権まで保障したものではない
>   （昭27.8.6最裁判）

教科書をめぐる動向

❶日本と近隣諸国との歴史認識にギャップ

日本の歴史教科書の検定等について、中国・韓国が度重なる抗議

EX： 1982（昭和57）年、明治から昭和時代前期における日本の中国華北への「侵略」という表現が、検定で「進出」に書き直すよう強制されたとの一部報道が流れ外交問題になる

EX： 2005（平成17）年、中国で大規模な反日デモが頻発、日本大使館や日本料理店が暴徒に襲撃される
韓国で竹島（韓国名：独島）の領有権をめぐり反日運動激化

EX： 2012（平成24）年、尖閣諸島国有化に絡み、香港活動家等が尖閣島に不法上陸、中国で全国的に大規模デモが起こる

※近年の対立には、教科書検定に限らず、首相の靖国神社参拝や中国・韓国の国策による愛国心高揚が背景にあると言われている

❷各国の教科書事情

☆日本では、民間の出版社が出版している何十種類という教科書を文部科学省が検定し、合格したものの中から、各自治体の教育委員会が採択するという仕組みになっている

★中国・韓国は、国定教科書が唯一の教科書で、民間教科書はない
太平洋戦争時における日本の侵略性が強調され、その記述量も膨大
　➡　近年では、愛国教育が盛んになっている

❸『新しい歴史教科書』

- 1997（平成9）年1月に設立された民間団体「新しい歴史教科書をつくる会」の執筆により、扶桑社から出版されている中学校社会科の歴史教科書である
- 伝統文化をはじめとする日本の良さや日本人の活躍が顕著に取り上げられており、独自の歴史観で戦争についても記述している
- この教科書は2001（平成13）年に初めて教科書検定に合格し、一定の支持者がいる一方、中国・韓国や歴史解釈に見解を異にする日本人からの批判を受けるなど、賛否両論がある
- 検定合格当時（2001年）の教科書採択率は、推計0.097％と決して高くないが2004（平成16）年に東京都が都立学校の一部の教科書に採択、また2005（平成17）年には、杉並区が東京都下の区市町村では初の採択をするなど徐々に広がりを見せた

10 学科・教材（教科書）等（6）

◘教科書の採択権と採択地区

❶教科書の採択権者（地教行法21条Ⅵほか）
ア　公立学校
　　学校管理機関である教育委員会　＝　都道府県教育委員会
　　　　　　　　　　　　　　　　　　　市町村教育委員会

イ　国・私立学校
　　当該学校の学校長

❷採択地区（教科書無償措置法12条）

　　　都道府県教育委員会

- 当該都道府県区域について、市町村の区域又はこれらの区域を併せた地域に、採択地区を設定すること
- 設定及び変更のときは、あらかじめ市町村教育委員会の意見を聞くこと
- 設定又は変更したときは、すみやかに告示するとともに、文部科学大臣にその旨を報告すること

◘教科書の採択手順（教科書無償措置法10〜11条、13条、同施令14条）

❶　都道府県教育委員会は、市町村教育委員会、国・私立義務教育諸学校の校長が行う採択について、あらかじめ都道府県に置く教科用図書選定審議会の意見を聞き、適切な指導・助言・援助を行うこと

❷　採択は、種目ごとに1種の教科用図書について行う（区域を併せた採択地区の場合は、関係市町村教育委員会で採択地区協議会を設け、その協議結果に基づき採択する）

❸　採択は、その教科用図書を使用する年度の前年度の8月31日までに行うこと（9月1日以後に新たに採択する必要が生じたら、速やかに採択する）

◘同一教科書の採択期間（教科書無償措置法14条、同施令15条）

原則として4年

学種＼年度	A	B	C	D	E
小学校	◎	△	○		◎
中学校	△	○		◎	△
高等学校（主に）					
低学年用	○		◎	△	○
中学年用		◎	△	○	
高学年用	○	△	○		◎

◎…検定　△…採択　○…使用開始

◘教科書採択の仕組み（教科書無償措置法4～7条ほか）

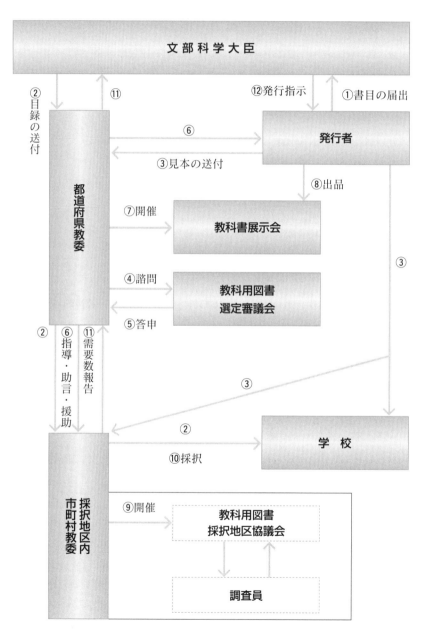

10 学科・教材（教科書）等（7）

◘ 教科書の無償措置

ア 無償の根拠（教科書無償措置法3条）
→ ● 国は毎年度、義務教育諸学校の教科用図書を学校設置者に無償給付する

イ 無償給与の流れ（教科書無償措置法4～6条ほか）

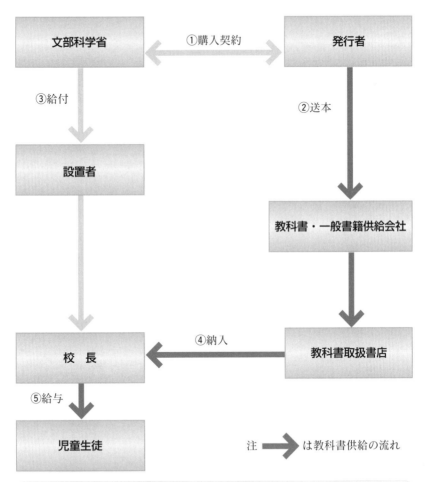

ウ 転校生に対する教科書の給与（教科書無償措置法5条②、同施規1条）
→ ● 学年の中途で転校した児童・生徒については、転校の前後で教科書が異なる場合に限り、給与する

◘ 教科書無償給与の事務

教科書無償措置法施令1〜6条、同施規1〜5条

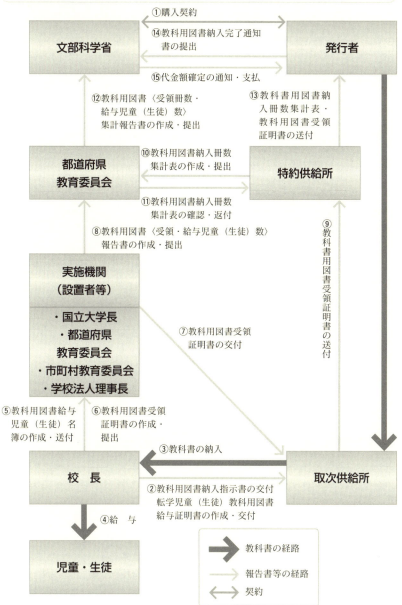

10 学科・教材（教科書）等（8）

◘ 補助教材の使用

ア 使用の根拠（学教法34条②）

- 教科用図書以外の教材で、有益適切なものは使用することが可
  EX：副読本、学習帳、図表、新聞、雑誌、テレビ、ビデオ、パソコン

イ 選定

- 教育委員会は、補助教材の使用について、あらかじめ教育委員会に届け出させ又は承認を受けさせることとする定めを設けること（地教行法33条②）

- すでに校長の裁量によって採用、使用している補助教材についても、教育委員会が有益適切でないと認めた場合には、その使用を禁止することが可
  （昭28.7.10初中局地方課長回答）

- 補助教材の使用には、すべて事前の届出又は承認が必要なわけではなく、次のような観点から規制が行われる
  （昭31.6.30文部次官通達）
  ①保護者に与える経済的負担の軽減
  ②内容の不良なものの排除
  ③内容の優良なものの使用の奨励のため、利用状況の把握

- 個々の学年・学級で使用する教材についても、校長の責任で決定しなければならないので、届出・承認手続きの責任者は校長である
  （昭34年度　文部省主催公立小・中学校長研修講座）

届出と承認の違い

○届　出　所定期日までに教育委員会に届け出れば、教育委員会から別段の指示がない限り使用が許される
●承　認　教育委員会が使用を承認しなければ、使用不可
　　　　　（昭34年度　文部省主催公立小・中学校長研修講座）

◘学校での補助教材使用の手続

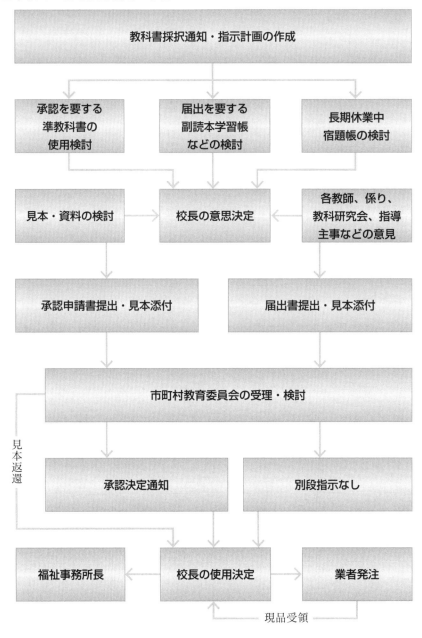

10 学科・教材（教科書）等（9）

◧ 補助教材と著作権

❶著作権の尊重と制限

著作物
思想又は感情を創作的に表現したものであって、文芸、学術、美術、音楽の範囲に属するものをいう（著作権法2条①Ⅰ）
→ 著作権者がその著作物の利用によって利益を上げうる財産権が「**著作権**」である

原　則
著作権者以外の者が著作物を利用するためには、著作権者の承認を要する（著作権法63条）

例　外
著作権が制限され、複製等が可の場合あり
（EX：下記❷〜❼参照）

❷学校その他の教育機関における複製（著作権法35条）

（営利目的の教育機関は除く）
教育担任者は、授業に使用する場合、必要な限度で公表された著作物の複製が可
→ 著作権者の利益を不当に害することとなる場合は、この限りでない

❸教科用図書等への掲載（著作権法33条）

公表された著作物は、学校教育の目的上必要な限度で、教科用図書等に掲載することが可
→ 掲載者はその旨を著作権者に通知し、一定の補償金を支払うこと

❹学校教育番組の放送等（著作権法34条）

公表された著作物は、学校教育の目的上必要な限度で、学校向けの放送番組等での放送が可
→ 利用者はその旨を著作権者に通知し、相当な額の補償金を支払うこと

❺ 試験問題としての複製（著作権法36条）

公表された著作物は、入学試験、検定等の問題として複製することが可

→ 営利目的の利用者はその旨を著作権者に通知し、相当な額の補償金を支払うこと

❻ 営利を目的としない上演等（著作権法38条）

公表された著作物は、下記の条件を満たせば、公に上演、演奏、上映、口述が可

- ア 営利を目的としない
- イ 聴衆・観衆から料金を受けない
- ウ 出演者に報酬を支払わない

→ 学芸会・文化祭等での利用が可

放送され、又は有線放送された著作物は、下記の条件を満たせば、受信装置を用いて公に伝達することが可

- ア 営利を目的としない
- イ 聴衆・観衆から料金を受けない

→ ビデオを使った授業等での利用が可

❼ コンピュータ・プログラムの複製（著作権法47条の3、113条②）

コンピュータ・プログラム著作物の複製物所有者は、必要な限度で、自らのバックアップ又は翻案を行うことが可

→ 頒布等、自由に使用することは不可

※1 翻案（ほんあん）
既存の著作物の趣旨を生かして、それを改作、編集等すること

※2 頒布（はんぷ）
有償・無償を問わず、複製物を公衆に譲渡し、又は貸与すること

11 教職員の組織・職務 (1)

学校の組織は、校長をトップに多種多様な職種が係わる技能集団と言えるでしょう。そこには確固たるルールと、明快な職務分担がなければなりません。この点は、法令でしっかりと規定されていますので、1つ1つ確認していきましょう。

◖教職員の法律上の名称

[代表的な法律例]

法律種別	名　称
教育基本法（9条）	教　員
学校教育法（7条）	校長及び教員
教育公務員特例法（2条）	教育公務員
地方教育行政の組織及び運営に関する法律（37条）	県費負担教職員
教育職員免許法（2条）	教育職員
公立義務教育諸学校の学級編制及び教職員定数の標準に関する法律（2条③）	教職員

※本書では便宜上、「教職員」を基本に使用し、根拠法令に応じて適宜使い分けることとする

◖校長・教員の配置・資格（学教法7～8条、教免法2条①）

❶学校には、校長及び相当数の教員を置くこと

❷資格に関する事項

a　学教法1条に定める幼稚園・小学校・中学校・高等学校・中等教育学校・特別支援学校の主幹教諭、指導教諭・教諭・助教諭・養護教諭・養護助教諭・栄養教諭・講師
　　　→ 教育職員免許法の定めるところによる

b　上記a以外の教育職員
　　別に法律で定めるもののほか、文部科学大臣が定める
　　　→ 小学校及び中学校の教諭の普通免許状授与に係る教育職員免許法の特例等に関する法律

❸校長の資格（学教法施規20条）

- 校長（学長及び高等専門学校の校長を除く）の資格は、下記のいずれかに該当する者である

　　a　教育職員免許法による教諭の専修免許状又は一種免許状（高等学校・中等教育学校の校長は、専修免許状）を有し、かつ、次に掲げる教育に関する職に5年以上あったこと

　　　ア　学校教育法1条に規定する学校及び同法124条に規定する専修学校の校長の職
　　　イ　学校教育法1条に規定する学校の教授・准教授・助教・副校長・教頭・主幹教諭・指導教諭・教諭・助教諭・養護教諭・養護助教諭・栄養教諭・講師（常時勤務者に限る）及び同法124条に規定する専修学校の教員の職
　　　ウ　学校教育法1条に規定する学校の事務職員・実習助手・寄宿舎指導員・学校栄養職員の職
　　　エ　改正前の学校教育法94条の規定により廃止された従前の法令の規定による学校及び旧教員養成諸学校官制1条の規定による教員養成諸学校の長の職
　　　オ　エに掲げる学校及び教員養成諸学校における教員及び事務職員に相当する者の職
　　　カ　海外に在留する邦人の子女のための在外教育施設で、文部科学大臣が小学校・中学校・高等学校の課程と同等の課程を有するものとして認定したものにおけるア〜ウまでに掲げる者に準ずる者の職
　　　キ　カに規定する職のほか、外国の学校におけるア〜ウまでに掲げる者に準ずる者の職
　　　ク　少年院法による少年院又は児童福祉法による児童自立支援施設において教育を担当する者の職
　　　ケ　ア〜クまでに掲げる者のほか、国又は地方公共団体において、教育事務又は教育を担当する国家公務員又は地方公務員の職
　　　コ　外国の官公庁におけるケに準ずる者の職

　　b　教育に関する職に10年以上あったこと

※1　学校運営上特に必要がない場合であっても、上記資格をもって、校長に任用することが可
　2　上記の職からは、単純労務職員は除かれる

11 教職員の組織・職務（2）

❹私立学校長の資格の特例（学教法施規21条）
- 私立学校の設置者は、❸に規定する「校長の資格」により難い特別の事情があれば、5年以上教育に関する職又は教育・学術に関する業務に従事し、かつ、教育に関し高い識見を有する者を校長として採用することが可

❺校長の任命・採用の特例とその資質（学教法施規22条）
- 国立・公立学校の校長の任命権者又は私立学校の設置者は、学校の運営上特に必要があれば、❸、❹に規定する者のほか、❸の各号に掲げる資格を有する者と同等の資質を有すると認める者を校長として任命し又は採用することが可

❻副校長・教頭の資格（学教法施規23条）
- ❸❹❺の「校長の資格」を準用する

❼校長・副校長・教頭への任用試験（管理職選考試験）
- 校長等への昇任には、選考制度を取り入れている場合が多い
- 受験資格には、学校教育法の規定による校長等の資格（前述❸、❻参照）を基本に、年齢・教職経験年数などの条件を定め、筆記試験や面接を課している場合が一般的である
- 管理職試験は、主に管理職としての資質、適性を見ることを目的として、県単位における客観性のある1つの資料を得るということで実施されているのであって、本件管理職試験の趣旨、目的を考慮すれば、地方教育行政の組織及び運営に関する法律38条1項、憲法28・92条、教育基本法10条（旧教基法）に違反しない（昭57.3.2福岡地裁判）
    - ※1　地方教育行政の組織及び運営に関する法律38条1項
    都道府県教育委員会は、市町村教育委員会の内申を待って、県費負担教職員の任免その他の進退を行うものとする
    - 2　憲法28条
    勤労者の団結する権利及び団体交渉その他の団体行動をする権利は、これを保障する
    - 3　憲法92条
    地方公共団体の組織及び運営に関する事項は、地方自治の本旨に基づいて、法律でこれを定める
    - 4　教育基本法10条（旧教基法）
    教育は、不当な支配に服することなく、国民全体に対し直接に責任を負って行われるべきものである

◘ 校長・教員の欠格事由（学教法9条）

●次の各号のいずれかに該当する者は、校長又は教員となることが不可

欠格条項

① 第1号
- 成年被後見人又は被保佐人

② 第2号
- 禁錮以上の刑に処せられた者

③ 第3号
- 教育職員免許法10条1項2号又は3号に該当（公立学校の教員で懲戒又は分限免職処分を受けたとき）することで免許状が失効し、当該失効日から3年を経過しない者

④ 第4号
- 教育職員免許法11条1項から3項の規定（懲戒又は分限免職事由相当による解雇、法令違反・非行等）により免許状取上げ処分を受け、3年を経過しない者

⑤ 第5号
- 日本国憲法施行日以後、日本国憲法又はその下に成立した政府の暴力破壊を主張する政党その他の団体を結成又は加入した者

※上表の注釈
- 「成年被後見人」「精神上の障害により事理を弁識する能力を欠く常況にある者」（民法7条）
- 「被保佐人」「精神上の障害により事理を弁識する能力が著しく不十分である者」（民法11条）
- 「禁錮以上の刑」死刑、懲役、禁錮の刑をいう（刑法9条、10条①）

[刑の種類と重さ（刑法11～19条）]

主刑
① 死刑　刑事施設内において、絞首して執行する
② 懲役　刑事施設に拘置して所定の作業を行わせる
③ 禁錮　刑事施設に拘置する
④ 罰金　1万円以上とする
⑤ 拘留　1日以上、30日未満とし、刑事施設に拘置する
⑥ 科料　千円以上、1万円未満とする

付加刑
⑦ 没収　犯罪行為を組成した物等を没収することが可

※②③は無期と有期があり、有期なら1か月以上、20年以下

11 教職員の組織・職務（3）

◧ 配置職種

事項 種別	必 置	置かない ことが可	置くことが可
幼稚園 （学教法27条）	園長・教頭・教諭	教頭	副園長　主幹教諭 指導教諭　養護教諭 栄養教諭　事務職員 養護助教諭　その他必要な職員　助教諭・講師
小・中学校 （学教法37、49条、附則7条）	校長・教頭・教諭・養護教諭・事務職員	教頭 養護教諭 事務職員	副校長　主幹教諭 指導教諭　栄養教諭 助教諭・講師 養護助教諭　必要な職員
高等学校 （学教法60条）	校長・教頭 教諭・事務職員	教頭	副校長　主幹教諭 指導教諭　養護教諭 栄養教諭　養護助教諭 実習助手　技術職員 その他必要な職員 助教諭・講師
中等教育学校 （学教法69、70条、附則7条）	校長・教頭 教諭・養護教諭・事務職員	教頭 養護教諭	副校長　主幹教諭 指導教諭　栄養教諭 実習助手　技術職員 その他必要な職員 助教諭・講師　養護助教諭
特別支援学校 （学教法79条、82条）	（寄宿舎を設ける場合） 寄宿舎指導員 幼稚部→幼稚園へ 小学部→小学校へ 中学部→中学校へ 高等部→高等学校へ	左同	左同
大　学 （学教法92条）	学長・教授 准教授・助教・ 助手・事務職員	准教授 助教・助手	副学長・学部長 講師・技術職員 その他必要な職員
高等専門学校 （学教法120条）	校長・教授 准教授・助教・ 助手・事務職員	准教授 助教・助手	講師・技術職員 その他必要な職員

※1　学校—学校医、大学以外の学校—学校歯科医・学校薬剤師を置く（学保法23条）
※2　各種別における「置かないことが可」の条件については各条文（237～243ページ）を参照されたい。

🔹教職員の職務

[ア　一般的規定（学教法37条、60条、79条）]

職　種	職務内容
校　長	校務をつかさどり、所属職員を監督する
副校長 教　頭 ※副校長配置校の教頭は校長及び副校長の補佐役となる	①副校長は、校長を助け、命を受けて校務をつかさどる。 　教頭は、校長（副校長）を助け、校務を整理し、必要に応じて児童の教育をつかさどる ②校長（副校長）に事故あるとき 　➡　その職務を代理する ③校長（副校長）が欠けたとき 　➡　その職務を行う 　※副校長（教頭）が2人以上あるとき 　　➡　あらかじめ校長が定めた順序で、②又は③を行う 　　★教員の職務上の上司として、職務命令を発する権限あり
主幹教諭	校長（副校長）・教頭を助け、命を受けて校務の一部を整理し、児童等の教育をつかさどる
指導教諭	児童等の教育をつかさどり、教諭その他の職員に対して、教育指導の改善・充実のために必要な指導・助言を行う
教　諭	児童の教育をつかさどる
養護教諭	児童の養護をつかさどる
栄養教諭	児童の栄養の指導・管理をつかさどる
事務職員	事務に従事する
助教諭	教諭の職務を助ける
講　師	教諭又は助教諭に準ずる職務に従事する
養護助教諭	養護教諭の職務を助ける
実習助手	実験又は実習について、教諭の職務を助ける
技術職員	技術に従事する
寄宿舎指導員	寄宿舎における児童、生徒、幼児の日常生活上の世話、生活指導に従事する

※1　「事故あるとき」、「欠けたとき」については、姉妹書『完全整理　図表でわかる地方自治法』の54ページ下を参照されたい

　2　権限の委任・代理等については、姉妹書『完全整理　図表でわかる行政法』の35～36ページに整理されているので、参照されたい

11 教職員の組織・職務（4）

[イ　幼稚園に関する規定（学教法27条）]

職　種	職務内容
園　長	園務をつかさどり、所属職員を監督する
副園長	副園長は園長を助け、命を受けて園務をつかさどる
教　頭	園長（副園長）を助け、園務を整理し、必要に応じ幼児の保育をつかさどる
主幹教諭	園長（副園長）及び教頭を助け、命を受けて園務の一部を整理し、幼児の保育をつかさどる
指導教諭	幼児の保育をつかさどり、教諭その他の職員に対して、保育の改善及び充実のために必要な指導及び助言を行う
教　諭	幼児の保育をつかさどる

[ウ　大学に関する規定（学教法92条）]

職　種	職務内容
学　長	校務をつかさどり、所属職員を統督する
副学長	学長の職務を助け、命を受けて校務をつかさどる
学部長	学部に関する校務をつかさどる
教　授	専門分野について教育・研究・実務上の特に優れた知識、能力、実績を有し、学生を教授し、その研究を指導し、又は研究に従事する
准教授	専門分野について教育・研究・実務上の優れた知識、能力、実績を有し、学生を教授し、その研究を指導し、又は研究に従事する
助　教	専門分野について教育・研究・実務上の知識、能力を有し、学生を教授し、その研究を指導し、又は研究に従事する
助　手	教育研究の円滑な実施に必要な業務に従事する
講　師	教授又は准教授に準ずる職務に従事する

[エ　高等専門学校に関する規定（学教法120条）]

職　種	職務内容
校　長	校務をつかさどり、所属職員を監督する
教　授	専門分野について教育・実務上の特に優れた知識、能力、実績を有し、学生を教授する
准教授	専門分野について教育・実務上の優れた知識、能力、実績を有し、学生を教授する
助　教	専門分野について教育・実務上の知識、能力を有し、学生を教授する
助　手	教育の円滑な実施に必要な業務に従事する
講　師	教授又は准教授に準ずる職務に従事する

[オ その他の規定（学教法施規64条、65条）]

職　種	職務内容
講　師	勤務態様は、常時勤務に服しないことが可
学校用務員	学校の環境の整備その他の用務に従事する

◆学校種別と充当職

事　項 種　別	必　置	置かないことが可※1	置くことが可
小学校 （学教法施規44～47条、学校図書館法5条、6条、附則②）	教務主任 学年主任 保健主事 司書教諭	教務主任・学年主任・保健主事 司書教諭※2	事務長又は事務主任 校務を分担する主任等 学校司書
中学校 （学教法施規70条、71条、79条、学校図書館法5条、6条、附則第②）	教務主任 学年主任 保健主事 生徒指導主事 進路指導主事 司書教諭	教務主任・学年主任 保健主事・生徒指導主事・進路指導主事 司書教諭※2 事務主任	事務長又は事務主任 校務を分担する主任等 学校司書
高等学校 中等教育学校 （学教法施規81条、82条、104条、113条、学校図書館法5条、6条、附則②）	教務主任 学年主任 保健主事 生徒指導主事 進路指導主事 事務長 司書教諭 学科主任※3 農場長※4	教務主任・学年主任・保健主事・生徒指導主事・進路指導主事 司書教諭※2 学科主任 農場長	校務を分担する主任等 学校司書
高等専門学校 （学教法施規175条）	教務主事 学生主事		寮務主事

※1　それぞれの担当する校務を整理する主幹教諭を置くときその他特別の事情があるとき
※2　学級数11以下の学校については当分の間（※1の条件はあてはまらず）
※3　2以上の学科を置く場合が対象
※4　農業の専門教育を主とする学科を置く場合が対象

教職員の組織・職務

11 教職員の組織・職務（5）

種別＼事項	必置	置かないことが可※1	置くことが可
特別支援学校 （学教法施規124条、125条、135条、学校図書館法5条、6条、附則②）	教務主任 学年主任 保健主事 生徒指導主事 ※3 進路指導主事 ※3 司書教諭 事務長 寮務主任・舎監（＊寄宿舎を置く場合）	教務主任・学年主任・学科主任 保健主事 生徒指導主事 進路指導主事 寮務主任・舎監 司書教諭※2	各部の主事 校務を分担する主任等 学校司書

※1　前掲※1参照
※2　前掲※2参照
※3　中・高等部の場合

◐校務分掌

学校には、調和のとれた学校運営が行われるためにふさわしい校務分掌の仕組みを整えるものとする（学教法施規43条ほか）

◐教諭・事務職員をもって充てる職（学教法施規44条ほか）

充てる職	該当する職	充てる職	該当する職
教務主任	指導教諭又は教諭	寮務主任	指導教諭又は教諭
学年主任		舎監	
生徒指導主事		特別支援学校の各部の主事	部に属する教諭等
進路指導主事			
学科主任		司書教諭	主幹教諭、指導教諭又は教諭
農場長			
保健主事	指導教諭、教諭又は養護教諭	事務主任 事務長	事務職員

◻校長の主な役割

①学校運営の統括
- 現場第一線の最高責任者

②教育活動の進行管理
- 適切で効果的な教育を行うプロデューサー

③所属職員の服務監督
- 指揮監督権を行使する管理職

④教育委員会との折衝
- 現場の実情を伝える代表者

⑤地域社会との連携
- 開かれた学校づくりの実践者
  (PTAとの協調・協働を含む)

◻校長の職務細目

❶職務権限

学校教育法28条3項(現行37条4項)は、校長の職務権限を定めたものであり、校長はすべての校務について決定権がある(平5.3.22福岡高・宮崎支裁判)

※「校長は、校務をつかさどり、所属職員を監督する」(学教法37条④)

❷監督権

校長は、教職員を指導監督するために教室を見回り授業学習を参観観察することがあるが、これをもって教諭としての教授権又は地位を侵害し、その名誉信用を傷つける程度のものとは認められない
(昭36.8.7東京高裁判、昭37.10.23最裁判)

❸裁量権

問題のある言動等のあった教諭を学級担任としないとした校務分掌決定に、校長の裁量権の濫用はない (昭62.4.19名古屋地裁判)

11 教職員の組織・職務（6）

[各種法規が定める校長の職務規定]

1 学校教育の管理	職員会議の主宰	学教法施規48②等
	学校評議員の推薦	学教法施規49③等
	授業終始の時刻の決定	学教法施規60
	非常災害時の臨時休業の決定と報告	学教法施規63
	高校教科用図書使用の特例	学教法施規89
	教科書を直接児童・生徒に支給	教科書無償措置法5①
	教科書需要数の報告（国立・私立）	教科書発行法7①
	需要票の提出（国立・私立）	同　施規13
	調査統計に関する事務（①学校基本調査関係　②学校保健統計調査関係　③学校教務統計調査関係　④学校設備調査関係）	学校基本調査規則等
2 教職員の管理	校長の職務代理者についての定め	学教法37⑥、⑧
	所属職員の進退に関する意見の申出	地教行法36、39
	勤務場所を離れての研修等の承認	教特法22②
	労働時間の制限	労基法32
	公務のために臨時の時間外勤務の特例（公立）	労基法33③、教職給与特別法6
	災害等の事由により臨時の必要がある場合の特例（私立）	労基法33①
	休憩時間・休日	労基法34、35
	産前・産後の就業制限	労基法65
	育児時間中の使用制限	労基法67
	生理休暇	労基法68
	公民権行使の保障	労基法7
	公立学校共済組合員の異動報告	公立学校共済組合運営規則11
3 児童・生徒の管理	児童・生徒の懲戒	学教法11　同　施規26
	児童・生徒の出席状況の明確化	同　施令19
	指導要録の作成	同　施規24①
	出席簿の作成	同　施規25
	出席不良者の通知	同　施令20
	全課程修了者の市町村教委への通知	同　施令22
	中途退学者の退学の通知	同　施令10
	視覚障害者等についての通知	同　施令12、12の2、18
	就学猶予・免除者の相当学年への編入	同　施規35
	卒業証書の授与	同　施規58
	高校入学許可	同　施規90

		転学・進学の際の指導要録の作成と送付	同　施規24②③
		高校進学書類の送付	同　施規78
		高校転学書類の送付と転学の許可	同　施規92
		休学・退学の許可	同　施規94
		高校の全課程修了の認定	同　施規96
		指定技能教育施設における学習の認定	学教法55①
		就学奨励の経費支給	特別支援学校への就学奨励に関する法律3②
		教育扶助に関する保護金品の給付・交付	生活保護法32
		年少労働者の証明書	労基法57②
		職業安定所業務の一部負担	職業安定法27①
		無料職業紹介事業	職業安定法33の2①
4	学校保健の管理	健康相談と健康診断	学保法8、13
		感染症による出席停止	学保法19
		出席停止の指示と報告	同　施令6、7
		健康診断票等の作成と送付	同　施規8
		感染症の発生・まん延防止	感染症予防法52
		定期の健康診断の実施	感染症予防法53の2
		健康診断記録の作成、通報・報告	感染症予防法53の6、53の7
5	施設・設備の管理	目的外使用の同意	学校施設確保政令3
		社会教育のための学校施設利用に際しての意見	社教法45②
		学校施設利用許可権の校長委任	社教法47
		個人演説会場使用の意見聴取	公選法施令117②
		防火管理者の決定と消防計画の作成及び実施等	消防法8
		消防用設備等の設置・維持	消防法17
		大そうじの実施	廃棄物処理清掃法5②

※準用規定は省略

- 以上のほか、自治体により「学校管理規則」を設け、校長の職務を規定しているところがある

11 教職員の組織・職務（7）

◆主任等の職務細目

[各種法規が定める主任等の職務規定]（学教法施規44～47条ほか）

職　種	職務内容
教務主任	校長の監督を受け、教育計画の立案その他の教務に関する事項について、連絡調整・指導・助言に当たる
学年主任	校長の監督を受け、当該学年の教育活動に関する事項について、連絡調整・指導・助言に当たる
生徒指導主事	校長の監督を受け、生徒指導に関する事項をつかさどり、当該事項について、連絡調整・指導・助言に当たる
進路指導主事	校長の監督を受け、生徒の職業選択の指導その他の進路指導に関する事項をつかさどり、当該事項について、連絡調整・指導・助言に当たる
学科主任	校長の監督を受け、当該学科の教育活動に関する事項について、連絡調整・指導・助言に当たる
農場長	校長の監督を受け、農業に関する実習地・実習施設の運営に関する事項をつかさどる
保健主事	校長の監督を受け、学校における保健に関する事項の管理に当たる
寮務主任	校長の監督を受け、寮務に関する事項について、連絡調整・助言・指導に当たる
舎監	校長の監督を受け、寄宿舎の管理、寄宿舎における児童等の教育に当たる
特別支援学校の各部の主事	校長の監督を受け、部に関する校務をつかさどる
司書教諭	学校図書館の専門的職務をつかさどる
事務長	校長の監督を受け、事務職員その他職員の事務を総括し、その他事務をつかさどる
事務主任	校長の監督を受け、事務をつかさどる
教務主事	校長の命を受け、教育計画の立案、その他教務に関することを掌理する
学生主事	校長の命を受け、学生の厚生補導に関することを掌理する
寮務主事	校長の命を受け、寄宿舎における学生の厚生補導に関することを掌理する

◆主任職の意義

- いわゆる主任職の法制化については、中央教育審議会答申（昭和46年）が、学校内の管理組織の整備の見地から、校長を助けて校務を分担する教務主任、学年主任、教科主任、生徒指導主事などの管理上、指導上の職制の確立を提案して以来、賛否の論議がたたかわされてきた
- 学教法施規の改正により実現した主任職の法制化では、「中間管理職」としてよりも「教育指導職」としての性格にウェイトが置かれている
- 主任職の職務内容は、指導、助言、連絡調整を本務とし、上司としての職務命令は、原則として発しないものとされている

◆職員会議

項　目	内　容
設　置	●学校には、設置者の定めるところにより、校長の職務の円滑な執行に資するため、職員会議を置くことが可 　⮕　校長が主宰する（学教法施規48条ほか）
性　格	●「校長の補助機関」と位置付ける説が有力 　EX：職員会議は、校務の運営について最終決定をする権限を有しておらず、校長はその職務を行うに当たって職員会議の意見を尊重すべきであるが、これに拘束されるべきものとまでいうことは不可 　　　（平8.2.22大阪地裁判）
機　能	①意思伝達機能 ②経営参加機能 ③連絡調整機能 ④研究・研修機能
審議事項	●学校の教育方針、教育目標、教育計画等
職員会議規程	●自治体により、「管理運営規程」を策定し、職員会議に関する定めを設けているところがある 　EX：東京都　⮕　各都立学校に設けている 　　　ア　目　的　　オ　司　会　　規程すること 　　　イ　構成員　　　カ　記　録　　（平10.10.16　10教 　　　ウ　開　催　　　キ　運　営　　学高578「管理運営 　　　エ　招　集　　etc.　　　　　規程の策定について」）

12 公立学校教職員の人事・服務等の特例 (1)

教職員は、一般公務員にない特殊な立場にあり、これを踏まえた規定が多く存在しています。中でも、法人化されない公立学校の教職員には、教育公務員特例法が例外的に適用されますので、注意しましょう。

◘特例の根拠

①公立学校の教職員
→ 地方公務員の一般職

原則
地方公務員法が適用される

例外
職員のうち、公立学校の教職員、単純な労務に雇用される者その他その職務と責任の特殊性に基づいて、この法律に対する特例を必要とするものについては、別に法律で定める（地公法57条）

▼

教育公務員特例法

- この法律は、教育を通じて国民全体に奉仕する教育公務員の職務とその責任の特殊性に基づき、教育公務員の任免・給与・分限・懲戒・服務・研修等について規定する（教特法1条）
- 地方公共団体の選択により、公立大学は法人化が可能
  ➡ この場合、その公立大学の教職員には教育公務員特例法ではなく、地方独立行政法人法が適用される。

②国立学校の教職員
→ 独立行政法人職員の一般職
国家公務員法、教育公務員特例法が適用されない

◘ 教育公務員（教特法2条①〜③、⑤）

> 教育公務員特例法で定める教育公務員の定義
>
> ア　学校教育法1条に定める公立学校のうち下記の者
> 　　学長・校長・園長
> 　　教員（教授・准教授・助教・副校長・副園長・教頭・主幹教諭・指導教諭・教諭・助教諭・養護教諭・養護助教諭・栄養教諭・講師）
> 　　部局長（公立大学の副学長・学部長・その他部局長）
> イ　教育委員会の専門的教育職員（指導主事・社会教育主事）
>
> ※このほかに、教育公務員に準ずる者として、公立・国立の学校等の教職員等に教育公務員特例法の規定が適用される（教特法30条）

◘ 評議会（教特法2条④）

大学に置かれる会議であって、当該大学を設置する地方公共団体の定めるところにより、学長、学部長、その他の者で構成する

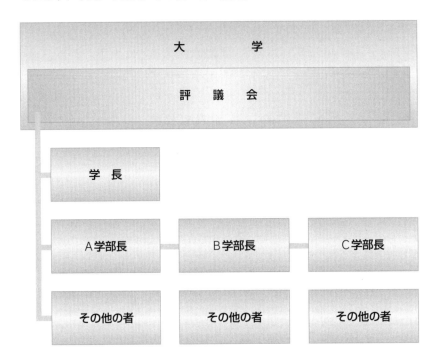

公立学校教職員の人事・服務等の特例　155

12 公立学校教職員の人事・服務等の特例 (2)

◘任免、給与、分限・懲戒

❶大学の学長・部局長・教員

ア　採用・昇任の方法（教特法3条）
→ 選考による

学長採用選考
人格高潔・学識優秀・教育行政に関し識見を有する候補者について、評議会の議に基づき学長の定める基準により、評議会が行う

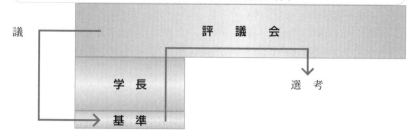

学部長採用選考
当該学部の教授会の議に基づき、学長が行う

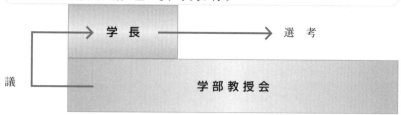

学部長以外の部局長採用選考
評議会の議に基づき学長の定める基準により、学長が行う

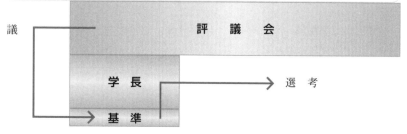

教員の採用・昇任選考

評議会の議に基づき学長の定める基準により、教授会の議に基づき学長が行う

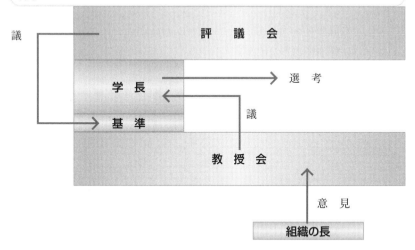

※教授会が審議する場合、その教授会が置かれる組織の長は、当該大学の教員人事方針を踏まえ、その選考に関し、教授会に対して意見を述べることが可

ワンポイント・アドバイス

教特法3条における学長・学部長等の採用・昇任選考の方法は大変わかりにくいので、すべて詳細に覚えるのは困難ですが、次の点だけは最低限押さえましょう

学長選考	➡ 評議会の決定
その他の選考	➡ 学長の決定
学長選考・学部長以外の部局長の選考	➡ 評議会の議
その他の選考	➡ 教授会の議

学部長選考以外は、学長の定める基準に基づく

12 公立学校教職員の人事・服務等の特例（3）

イ　転任・降任・免職・懲戒（教特法4～5条、9条）

- 学長・教員は評議会、部局長は学長の審査結果によらなければ、その意に反して転任又は免職されず、又は懲戒処分を受けることはない
- 教員は評議会の審査結果によらなければ、その意に反して降任されることはない

- 評議会・学長は、審査を行うに当たっては、審査を受ける者に審査事由を記載した説明書を交付すること
- 審査を受ける者が説明書受領後14日以内に請求すれば、その者に口頭又は書面で陳述する機会を与えること
- 評議会・学長は、審査を行うに当たり必要なら、参考人の出頭要求又は意見聴取が可
- その他審査に関し必要な事項は、それぞれの審査をする者が定める

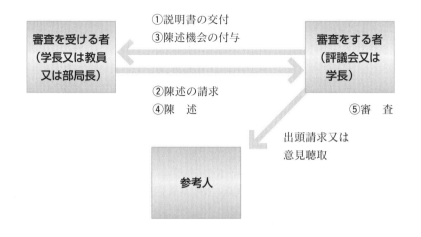

ウ 休職の期間（教特法6条）
- 学長・教員・部局長が心身の故障のため長期休養を要する場合
  → 休職の期間は、個々の場合について、評議会の議に基づき学長が定める

エ 任　期（教特法7条）
- 学長・部局長の任期
  → 評議会の議に基づき学長が定める

オ 任命権者（教特法10条）
- 学長・教員・部局長の任用、免職、休職、復職、退職、懲戒処分
  → 学長の申出に基づいて、任命権者が行う

カ 定　年（教特法8条）

[地方公務員法の読み替え規定]

地方公務員法		教特法での扱い（大学教員に関して）
28条の2①　定年に達した日以後における最初の3月31日までの間において、条例で定める日	読み替え	定年に達した日から起算して、1年を超えない範囲内で、評議会の議に基づき学長があらかじめ指定する日
28条の2②　国の職員につき定められている定年を基準として、条例で	読み替え	評議会の議に基づき学長が
28条の2④　臨時的に任用される職員その他の法律により任期を定めて任用される職員	読み替え	臨時的に任用される職員

12 公立学校教職員の人事・服務等の特例（4）

[地方公務員法の読み替え規定]

地方公務員法		教特法での扱い （大学教員の採用に関して）
28条の4①、28条の5①、28条の6①② 任期を定め	読み替え →	教授会の議に基づき学長が定める任期をもって
28条の4② 範囲内で	読み替え →	範囲内で教授会の議に基づき学長が定める期間をもって

[地方公務員法の適用除外]

28条の2③ 　国の定年基準によることが実情に即さないとき、条例で別の定めをすることが可という特例規定 28条の3 　定年退職職員に対する勤務延長規定	● 大学教員に関しては、適用除外

※地方公務員法の定年退職規定に関しては、『完全整理 図表でわかる地方公務員法』の110ページ以降に、わかりやすく解説されているので、参照されたい

❷大学以外の公立学校の校長・教員

ア 採用・昇任の方法（教特法11条）
→ 選考による
- 大学附置の学校
  → 当該大学の学長が行う
- 大学附置でない学校
  → 校長及び教員の任命権者たる教育委員会の教育長が行う

イ 条件附任用（教特法12条）
- 公立の小・中学校、高等学校、中等教育学校、特別支援学校、幼稚園（以下「小学校等」という）の教諭、助教諭、講師（以下「教諭等」という）に係る地方公務員法22条1項に規定する採用については、同項中「6か月」とあるのを「1年」として適用する
- 公立小学校等の校長又は教員で、正式任用になっている者が、引き続き同一都道府県内の公立小学校等の校長又は教員に任用された場合は、条件附採用規定は適用しない

※地方公務員法22条1項
職員の採用　＝　すべて条件附とする
　　　　　　　（臨時的任用・非常勤職員の任用の場合を除く）
↓ 6か月間、職務を良好な成績で勤務
正式採用
　　正式採用については、別段の通知又は発令行為を要しない
　　（昭36.2.24高知地裁判）

人事委員会（非設置団体は任命権者）は、条件附採用期間を1年に至るまで延長可

条件附採用期間　＝　労働基準法21条4号に規定する「試の使用期間」と解すべき

↓

条件附採用期間中の地方公務員が14日を超えて引き続き使用されるに至った場合

↓

労働基準法21条ただし書の規定により、同法20条（解雇の予告）の適用がある（昭38.11.4行実）

12 公立学校教職員の人事・服務等の特例（5）

- 条件附採用期間の特例を定める理由
  → 国公立の小学校等の教諭等に対して、その採用日から1年間の初任者研修を実施義務による（昭63.6.3次官通達）

[条件附採用期間の対象の有無]

対　象	条件附採用期間1年
①公務員として採用された当初に、小学校等の教諭等となった場合	○
②他職種の公務員が、小学校等の教諭等となった場合	×
③教諭等として国立、公立、私立の学校において1年以上勤務した経験を有する者が、小学校等の教諭等となった場合	○
④臨時的に任用された小学校の教諭等の場合	×
⑤期限附で任用された教諭等の場合	○

○＝対象になる
×＝対象外
（昭63.6.3次官通達）

ウ　校長・教員の給与（教特法13条）
- 職務と責任の特殊性に基づき、条例で定める
- 地方自治法204条2項により支給可である義務教育等教員特別手当は、次に掲げる者を対象に、内容は条例で定める
  - a　公立の小・中学校、中等教育学校の前期課程、特別支援学校の小・中学部に勤務する校長・教員
  - b　上記aに規定する校長・教員との権衡上必要な公立の高等学校、中等教育学校の後期課程、特別支援学校の高等部・幼稚部、幼稚園に勤務する校長・教員

エ 休職期間・効果（教特法14条）

- 結核性疾患のため長期休養を要する場合の休職期間は、満2年とする
  → 任命権者は特に必要があれば、予算の範囲内において、休職期間を満3年まで延長することが可
- 上記規定による休職者には、休職期間中、給与の全額を支給する
- 結核性疾患者を休職処分にすることが、すべて「意に反する不利益処分」となるのではないが、不利益処分と認める場合には、任命権者は地公法49条1項の処分説明書を交付すべきである（昭24.3.17調査局長通達）
- 休職中の教員が結核性疾患にかかった場合は、いったん復職を命じ、新たに結核休職を命ずることも可
  （昭24.3.17調査局長通達）
- 結核性疾患のため、校長としての身分を保有したまま休職にされた者には、管理職手当は支給不可
  （昭35.2.24初中局長回答）

❸専門的教育職員（指導主事・社会教育主事）

採用・昇任の方法（教特法15条）
→ 当該教育委員会の教育長の選考による

※この法律で「専門的教育職員」とは、指導主事及び社会教育主事をいう（教特法2条⑤）

12 公立学校教職員の人事・服務等の特例（6）

◘服　務

❶兼職及び他の事業等の従事（教特法17条）

教育公務員 教育に関する他の職を兼職する
又は
教育に関する他の事業・事務に従事する

↓

任命権者が本務の遂行に支障がないと認めれば

給与を受け
又は
給与を受けないで 兼職する
又は
事業・事務に従事する ことが可

※上記の場合には、地方公務員法38条2項の規定により人事委員会が定める許可の基準によることを要しない

> **地方公務員法38条2項**
> 人事委員会は、人事委員会規則により、営利企業等の従事許可に係る任命権者の許可の基準を定めることが可

❷政治的行為の制限（教特法18条）

●公立学校の教育公務員
→ 教育を通じて国民に奉仕するという職務の特殊性がある

当分の間、地方公務員法36条（政治的行為の制限）の規定によらず、**国家公務員の例**による

一般行政職員に比べて制限が厳しく、制限の地域は全国的である
（国公法102条①）

※ただし、公立学校の教育公務員については、懲戒処分の対象になるにとどまり、刑罰の適用はない

❸大学の学長・教員・部局長の服務（教特法19条）

- 地方公務員法30条の服務の根本基準の実施に関し必要な事項は、下記の除外規定を除き、評議会の議に基づき学長が定める

地方公務員法30条（服務の根本基準）

◎憲法15条2項
　「すべて公務員は、全体の奉仕者であって、一部の奉仕者ではない」
　⬇
職員の義務
　①公共の利益のために勤務すること
　②全力を挙げて職務の遂行に専念すること
　⬇
● 具体的規定は、地方公務員法35条（職務専念義務）

地方公務員法の除外規定

31条（服務の宣誓）
32条（法令等及び上司の職務上の命令に従う義務）
33条（信用失墜行為の禁止）
34条（守秘義務）
35条（職務専念義務）
36条（政治的行為の制限）
　　➡ 教特法18条（前頁参照）による
37条（争議行為等の禁止）
38条（営利企業等の従事制限）

❹大学の学長・教員・部局長の勤務成績の評定（教特法20条）

- 評定及び評定結果に応じた措置は、下記の者が行う

　　学　長　　　　　　　➡　評議会
　　教員・学部長　　　　➡　教授会の議に基づき学長
　　学部長以外の部局長　➡　学　長

- 評定は、評議会の議に基づき学長が定める基準により行うこと

12 公立学校教職員の人事・服務等の特例（7）

◪研　修

❶教育公務員の自己研鑽義務（教特法21条①）

教育公務員
→ その職責を遂行するために、絶えず研究と修養に努めること

❷任命権者の研修実施義務（教特法21条②、地教行法45条）

任命権者
→ 教育公務員の研修について、計画を樹立し、その実施に努めること
　県費負担教職員の研修は、都道府県教育委員会だけではなく、市町村教育委員会も実施することが可

❸研修の機会（教特法22条）

教育公務員
→ 研修を受ける機会が与えられること
→ 任命権者の定めにより、現職のままで、長期研修の受講が可

教　員
→ 授業に支障がない限り、本属長の承認を受けて、勤務場所を離れて行うことが可

❹研修と職務命令

ア　教職員をして必ず参加させることを必要と認める研修会などについては、参加すべき旨の職務命令を発すること
イ　理由なく研修に不参加だった者については、職務命令違反として適切な措置を講ずること
ウ　研修参加者の参加を阻止した職員に対しては、厳正な態度で措置すること
エ　いかなる手段を問わず、教育委員会主催の研修会などの正常な運営を阻害することは、地方公務員法37条の争議行為に該当すると解せられる（昭33.8.8次官通達）

● 教育公務員の研修について、職務命令で強制することは直ちに違法とは言えず、研修そのものは勤務条件ではないので、交渉事項にならず、その妨害は職員団体のための正当な行為に該当しない（平4.3.30福岡高裁判）

❺初任者研修（教特法23条）

> 採用日から1年間実施する「教諭の職務遂行に必要な事項に関する実践的な研修」

公立小学校等の教諭等の任命権者

→ ア　当該教諭等に初任者研修を実施すること
→ イ　初任者の所属する学校の副校長、教頭、主幹教諭、指導教諭、教諭、講師のうちから、**指導教員**を命じること

↓

> 初任者に対して、教諭の職務遂行に必要な事項について、指導・助言を行う

［初任者研修の対象の有無］

対　象	初任者研修
①公務員として採用された当初に、小学校等の教諭等となった場合	○
②他職種の公務員が、小学校等の教諭等となった場合	○
③教諭等として国立、公立、私立の学校において1年以上勤務した経験を有する者が、小学校等の教諭等となった場合	△
④臨時的に任用された小学校の教諭等の場合	×
⑤期限附で任用された教諭等の場合	×

○＝対象になる
△＝任命権者の判断により対象になる
×＝対象外

(以上、教特法23条、教特法施令2条、昭63.6.3次官通達)

12 公立学校教職員の人事・服務等の特例 (8)

[公立学校の教諭等に対する初任者研修の実施者]

教諭等	実施者
①市町村が設置する小・中学校、高等学校（定時制課程に限る）、特別支援学校の教諭等	都道府県教育委員会
②市町村が設置する高等学校（定時制課程を除く）の教諭等	市町村教育委員会
③都の特別区が設置する学校の教諭等	都教育委員会
④指定都市が設置する学校の教諭等	指定都市教育委員会
⑤都道府県が設置する学校の教諭等	都道府県教育委員会

(昭63.6.3次官通達)

❻ 10年経験者研修（教特法24条）

在職期間が10年に達した後、相当の期間内に、個々の能力、適性等に応じて、教諭等としての資質向上を図るために必要な事項に関する研修

※特別の事情があれば、10年を標準として任命権者が定める年数

☆在職期間の計算方法

- 公立・私立学校以外の小学校等の教諭等としての期間
- 指導主事・社会教育主事その他教育委員会で学校教育又は社会教育に関する事務に従事した期間

➡ 在職期間として通算する（教特法施令3条①～②）

- 休職又は停職により、現実に職務を執ることを要しない期間
- 職員団体の役員としてもっぱら従事した期間
- 育児休業をした期間

➡ 引き続き1年以上あれば、在職期間から除算する（教特法施令3条③）

- 公立小学校等の教諭等の任命権者
  → ア　当該教諭等に10年経験者研修を実施すること
  → イ　研修を受ける者の能力、適性等について評価を行い、その結果に基づき、当該者ごとに10年経験者研修に関する計画書を作成すること

- 研修実施期間は、その開始日から1年以内とする（教特法施令4条）

［10年経験者研修の対象の有無］

対　象	10年経験者研修
①在職年数が10年に達した場合	○
②他の任命権者が実施する10年経験者研修を受けた場合	×
③指導主事・社会教育主事その他教育委員会で学校教育又は社会教育に関する事務に従事した経験を有する者で、任命権者がその経験の程度を勘案して、実施不要と認める場合	△
④臨時的に任用された小学校の教諭等の場合	×
⑤期限附で任用された教諭等の場合	×

○＝対象になる
△＝任命権者の判断により対象になる
×＝対象外

（以上、教特法24条、同施令5条）

❼研修計画の体系的な樹立（教特法25条）
　任命権者が定める初任者研修・10年経験者研修に関する計画
　　→ 教員の経験に応じて実施する体系的な研修の一環をなすものとして樹立すること

12 公立学校教職員の人事・服務等の特例（9）

❽指導改善研修（教特法25条の2～3）

> 児童等に対する指導が不適切であると認定した教諭等に対して、その能力・適性等に応じて、当該指導の改善を図るために必要な事項に関する研修

期間は、1年を超えること不可
→ ただし、特に必要があれば、任命権者は、指導改善研修開始日から引き続き2年を超えない範囲内での延長が可

任命権者の義務

- 指導改善研修を実施するに当たり、受講者の能力・適性等に応じて、個別に計画書を作成すること
- 指導改善研修終了時に、受講者の改善程度の認定を行うこと

指導改善研修後の措置

- 改善が不十分で、なお児童等に対する指導を適切に行うことが不可と認める教諭に対し、免職その他の必要措置を講ずるものとする

- 指導不適切の認定又は改善程度の認定に当たっては、教育委員会規則により、有識者及び保護者の意見を聴くこと
- 認定手続に関し必要な事項は、教育委員会規則で定める

※指導改善研修の対象から除く者（教特法施令6条）
　ア　条件付採用期間中の者
　イ　臨時的に任用された者

❾研修等の特例（教特法附則4〜6条）

ア　幼稚園等の教諭等に対する初任者研修等の特例

- 幼稚園及び特別支援学校の幼稚部の教諭等の任命権者については、当分の間、❺の初任者研修規定は適用しない
- この場合、幼稚園等の任命権者は、採用日から1年未満の幼稚園等の教諭等に対して、職務遂行に必要な研修を実施すること
- 指定都市以外の市町村教育委員会は、その所管に属する幼稚園の教諭等に対して都道府県教育委員会が行う上記研修に協力すること
- 条件附任用の規定は、当分の間、幼稚園等の教諭等については適用しない

イ　幼稚園等の教諭等に対する10年経験者研修の特例

- 指定都市以外の市町村設置幼稚園の教諭等に対する10年経験者研修は、当分の間、❻の規定に係わらず、当該市町村を包括する都道府県教育委員会が実施すること
- 指定都市以外の市町村教育委員会は、その所管に属する幼稚園の教諭等に対して都道府県教育委員会が行う10年経験者研修に協力すること

ウ　指定都市以外の市町村教育委員会に係る指導改善研修の特例

- 指定都市以外の市町村教育委員会については、当分の間、❽の規定は適用しない
- この場合、当該教育委員会は、その所管に属する小学校等の教諭等のうち、児童等に対する指導が不適切と認める教諭等に対して、指導改善研修に準ずる研修その他必要な措置を講じること

12 公立学校教職員の人事・服務等の特例（10）

◘ 大学院修学休業（教特法26条）

> 教育公務員が一定の要件のもとに、大学院の課程等に在学して、その課程を履修するための休業をする制度

❶要件等（教特法26条）

項目	内容
対象者	●公立小学校等の主幹教諭、指導教諭、教諭、養護教諭、栄養教諭、講師で、下記のいずれにも該当する者 ①教育職員免許法に規定する以下の免許状の取得を目的としていること 　ア　主幹教諭、指導教諭、教諭、講師は、教諭の専修免許状 　イ　養護教諭は、養護教諭の専修免許状 　ウ　栄養教諭は、栄養教諭の専修免許状 ②取得しようとする専修免許状に係る基礎となる免許状を有していること ③取得しようとする専修免許状に係る基礎となる免許状について、教育職員免許法別表に定める最低在職年数を満たしていること ④以下の者に該当していないこと 　ア　条件付採用期間中の者 　イ　臨時的任用の者 　ウ　初任者研修を受けている者 　エ　その他政令で定める者
対象課程	①大学（短期大学を除く）の大学院の課程 ②専攻科の課程 ③これらの課程に相当する外国の大学の課程
対象期間	●3年を超えない範囲内で、年を単位として定める期間
許可権者	●任命権者
許可申請方法	●下記を明らかにして、任命権者に申請すること ①取得しようとする専修免許状の種類 ②在学しようとする大学院の課程等 ③休業しようとする期間

❷効果・失効等(教特法27〜28条)

項　目	内　容
身分取扱い	●対象者が大学院修学休業をしている場合 ⬇ 地方公務員としての身分を保有するが、職務に従事しない
給与支給の有無	●対象者が大学院修学休業をしている期間 ⬇ 給与を支給しない
休職又は停職処分の扱い	●大学院修学休業をしている対象者が、休職又は停職の処分を受けた場合 ⬇ その許可の効力を失う
許可の取消	●大学院修学休業をしている対象者が、許可に係る課程を退学したこと、その他政令で定める事由に該当する場合 ⬇ 任命権者は、その許可を取り消すこと

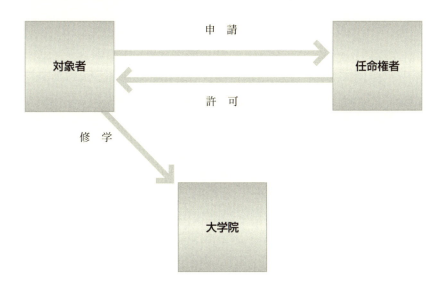

12 公立学校教職員の人事・服務等の特例（11）

❸大学院修学休業が不可の者（教特法施令7条）

ア　許可を受けようとする大学院修学休業について

a	休業期間満了日の前日までの間に
	又は
b	休業期間満了日から1年以内に

➡　定年退職日が到来する者

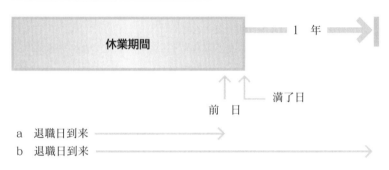

イ　勤務延長により定年退職日の翌日以降、引き続き勤務している者

ウ　再任用規定により採用された者

❹大学院修学休業の許可の取消事由（教特法施令8条）

ア　正当な理由なく、当該大学院の課程等を休学し、又はその授業を頻繁に欠席していること

イ　専修免許状を取得するのに必要とする単位を当該大学院修学休業の期間内に修得することが困難になったこと

◘ 職員団体

❶ 職員団体の位置付け（地公法52条）

| 職員団体 | 職員が勤務条件の維持改善を図ることを目的として組織する | ➡ | 団体 又は 団体の連合体 |

⬇

> ア 警察・消防職員以外の職員をいう（警察・消防職員は、職員団体の結成・加入不可）
> イ 企業職員は本条の適用がないので、職員に該当しない
>   ⬇
>   ここでいう「職員」には、一般行政職員、教育職員、単純労務職員が該当する

☆職員団体は、勤務条件の維持改善を図ることを主たる目的としていれば、従たる目的を併せ持つことは可
　EX： 文化祭・運動会・バザーなどのレクリエーションや文化的・社会的目的

※政治的目的について　➡　法上は可
　EX： 職員団体が政治的目的を従たる目的として持つことは、地方公務員法の関知するところではない（昭26.3.13行実）

（ただし、職員は地公法36条で政治的行為が制限されているので、注意）

| 職員は、職員団体を | 結成し 又は 結成せず | 加入し 又は 加入しない | ➡ | ことが可（オープン・ショップ制） |

[労働組合の加入形式]

項　目	内　容
オープン・ショップ制	当該事業所の労働者が労働組合の構成員になることもならないことも自由である制度
ユニオン・ショップ制	当該事業所の労働者として採用されたときは、必ず労働組合の構成員となり、労働組合の構成員でなくなったときは、当該事業者の労働者としての身分を失う制度
クローズド・ショップ制	当該事業所の労働者は、必ず労働組合の構成員の中から採用しなければならない制度

12 公立学校教職員の人事・服務等の特例（12）

❷職員団体の登録（地公法53条①〜②）

人事委員会
公平委員会　←　登録申請が可　　職員団体

申請書
規　約　　｝添えること

登録必要書類	最低限の記載事項
申請書	理事その他の役員の氏名及び条例で定める事項
規　約	①名　称 ②目的及び業務 ③主たる事務所の所在地 ④構成員の範囲及びその資格の得喪に関する規定 ⑤理事その他の役員に関する規定 ⑥業務執行・会議・投票に関する規定 ⑦経費及び会計に関する規定 ⑧他の職員団体との連合に関する規定 ⑨規約の変更に関する規定 ⑩解散に関する規定

★規約・申請書の記載事項に変更があったときは、条例の定めにより、人事委員会又は公平委員会に届け出ること（地公法53条⑨）

登録団体のメリット

①当局に対し、交渉応諾義務を課すことが可（地公法55条①）

②在籍専従職員の許可を得ることが可（地公法55条の2①）

❸ 登録職員団体の要件（地公法53条③〜④）

☆登録される資格を有し、及び引き続き登録されているための条件
→ 同一団体に属する警察・消防職員以外の職員のみをもって組織されていること

❹ 教育職員団体の特例（教特法29条）

- 一の都道府県内の公立学校の職員のみをもって組織する地方公務員法52条1項に規定する職員団体
  → 当該都道府県の職員をもって組織する同項に規定する職員団体と見なす

- 「職員団体」には、当該都道府県内の公立学校の職員であった者で、下記の者が含まれていても可
  → ア　分限免職又は懲戒免職の処分を受け、処分日の翌日から起算して1年以内の者
  　　　　又は
  　　イ　その期間内に不服申立て又は出訴し、これに対する裁決・決定・裁判が未確定の者

上記ア又はイの者を構成員にとどめていること	
ウ　当該職員団体の役員である者を構成員としていること	➡ 妨げない

◆ 教育公務員に準ずる者に関する特例

❶ 教員の職務に準ずる職務を行う者等に対する教特法の準用（教特法30条）

ア　公立学校において、教員の職務に準ずる職務を行う者
イ　公立の専修学校・各種学校の校長・教員
→ 政令の定めにより、教特法の規定を準用する

❷ 研究施設研究教育職員等に関する特例（教特法31〜35条）

13　就学・入学等（1）

ある年齢に達したら学校に行き、順次進級・進学していくことは、世間では一般的なこととして受け取られていますが、その裏で、教育委員会や学校は大変な苦労をしています。この項では、こうした陰の努力にスポットを当ててみます。

◘義務教育（就学義務）

保護者は子に9年の普通教育を受けさせる義務を負う（学教法16条）

→ 義務履行の督促を受け、なお不履行の者
　＝ 10万円以下の罰金（学教法144条）

子に対して親権を行う者
親権を行う者のないときは、未成年後見人をいう

A　学齢児童（学教法17〜18条、36条）

対象学年	就学先
満6才到達日以降の最初の学年の初めから、満12才に属する学年の終わり	小学校、特別支援学校の小学部

※1　満12才の属する学年の終わりまでに、上記課程を修了しないとき
　　❯ 満15才の属する学年の終わりまでとする（それまでの間に修了すれば、その修了した学年の終わりとする）
　2　学齢に達しない子は、小学校への入学不能

B　学齢生徒（学教法17条②）

対象学年	就学先
Aの課程修了後の最初の学年の初めから、満15才に達した学年の終わり	中学校、中等教育学校前期課程、特別支援学校の中学部

◘学齢児童・生徒使用者の避止義務（学教法20条）

児童・生徒使用者

→ その使用によって、児童・生徒が義務教育を受けることを妨げることは不可

↓

違反者＝10万円以下の罰金（学教法145条）

◘ 就学義務の猶予・免除（学教法18条）

| 就学困難 | ・病弱
・発育不完全
・その他やむを得ない事由 | ➡ | 市町村教育委員会は、保護者の就学義務の猶予・免除が可 |

☆ 就学義務の猶予・免除の願出手続（学教法施規34条）

保護者 ←③認可― 市町村教育委員会
保護者 ―②認可申請→ 市町村教育委員会

①学齢児童・生徒で、上記の病弱等の事由があるとき

②当該委員会の指定する医師その他の者の証明書等、その事由を証するに足りる書類を添えること

★ 就学義務の猶予・免除の解除（学教法施規35条）

| 当該猶予の期間が経過したとき
又は
当該猶予若しくは免除が取り消されたとき | ➡ | 校長は、当該子を、その年齢・心身の発達状況を考慮して、相当の学年に編入することが可 |

★ 就学時健康診断（学保法11〜12条）

市町村の教育委員会は、翌学年の初めから就学させるべき者で、当該市町村の区域内に住所を有する者について、健康診断を行うこと

⬇

結果に基づき、治療を勧告し、保健上必要な助言を行い、及び就学義務の猶予若しくは免除又は特別支援学校への就学に関し指導を行う等適切な措置をとること

13 就学・入学等（2）

◘就学援助

❶根拠法令

憲法26条

すべて国民は、法律の定めるところにより、その能力に応じて、ひとしく教育を受ける権利を有する
2　（前段略）義務教育は、これを無償とする

教育基本法4条（教育の機会均等）

国及び地方公共団体の責務
➡ 能力があるにも係わらず、経済的理由で修学困難な者に対し、奨学の措置を講じること

学校教育法19条

市町村の責務
➡ 経済的理由で就学困難な学齢児童・生徒の保護者に、必要な援助を与えること

❷要保護・準要保護

昭39.2.3体育局長通知　要保護および準要保護児童・生徒の認定要領
ア　児童・生徒保護者が<u>生活保護法6条2項</u>に規定する要保護者である児童・生徒

「要保護者」とは、現に保護を受けているといないとにかかわらず、保護を必要とする状態にある者をいう

イ　準要保護児童・生徒

保護者が要保護者に準ずる程度に困窮していると教育委員会が認めた児童・生徒

❸援助の種類

ア　学用品・通学費・修学旅行費の援助（就学奨励法1～2条）
イ　学校給食費の援助（学給法12条②）
ウ　保健医療の援助（学保法24～25条）
エ　災害共済掛金の援助（センター法17条④）
オ　教育扶助（生活保護法13条）

❹その他の援助制度（学教法による市町村の援助以外）

日本学生支援機構（旧日本育英会）の奨学制度等がある

◪ 義務教育の全課程修了者の通知（学教法施令22条）

> 小・中学校、中等教育学校、特別支援学校の校長は、毎学年の終了後、速やかに、義務教育の全課程を修了した者の氏名を、その者の住所地の市町村教育委員会へ通知すること

◪ 学齢簿の編製（学教法施令1条、学教法施規29〜30条）

市町村教育委員会 ➡ 当該市町村区域内に住所を有する学齢児童・学齢生徒について、**学齢簿編製**の義務あり

⬇

ア　当該市町村の住民基本台帳に基づいて行う
イ　磁気ディスク等をもって調製することが可
　☆電子計算機等の操作による
　☆学齢簿記録事項の漏洩、滅失、き損防止のため必要措置を講じること
ウ　記載事項
　☆学齢児童又は生徒の氏名・現住所・生年月日・性別
　☆保護者の氏名・現住所・学齢児童又は生徒との関係
　☆就学する学校に関する事項
- 当該学校の名称、入学・転学・卒業の年月日
- 当該市町村の設置する小・中学校以外の小・中学校又は中等教育学校に就学する者について、当該学校及びその設置者の名称、入学・転学・退学・卒業の年月日
- 特別支援学校の小学部又は中学部に就学する者について、当該学校・部・設置者の名称、入学・転学・退学・卒業の年月日
- 就学義務履行の督促等をしたときは、その旨及び通知を受け、又は督促した年月日
- 就学義務の猶予又は免除がされたときは、その年月日・事由・猶予期間・復学した者についてはその年月日
- その他必要な事項

※学齢簿の編製義務は、単に児童・生徒等が入学するときだけでなく、就学義務が終了するまで、これを整備し、保管することを意味する（昭28.11.7次官通達）

13 就学・入学等（3）

◻学齢簿の作成要領（学教法施令2～4条、学教法施規31条）

❶学齢簿の作成期日等 ➡ 10月1日現在において当該市町村に住所を有する者で、前学年の初めから終わりまでの間に満6歳に達する者を対象とする

⬇

毎学年の初めから5月前までに、あらかじめ作成する

※小・中学校の学年は、4月1日に始まり、翌年3月31日に終わる（学教法施規59、79条）

❷学齢簿の加除訂正（学教法施令3条）

追加・変更・錯誤・遺漏があれば、必要な加除訂正を行うこと
※視覚障害者等の特別支援学校への就学通知に係る加除訂正をした場合には、市町村教育委員会は、速やかに、その旨を都道府県教育委員会に通知すること（学教法施令13条）

❸住所変更に関する届出の通知（学教法施令4条）

❶での対象者及び学齢児童又は生徒について、住所変更の届出があったとき
 ➡ 市町村長は、速やかにその旨を当該市町村教育委員会に通知すること

★子女のうち、その市町村に居住し学齢に達しながら、住民票に記載されていないために就学の機会を失っている者については、特別の配慮のもとに関係諸機関の協力を得て、就学の機会が与えられるようにされたい（昭28.1.21初中局長通達）

🗋 就学に関する通知

❶入学期日等の通知（学教法施令５条①②、７条）

市町村教育委員会	⇨	下記a、bの就学予定者の保護者に対し、翌学年の初めから２月前までに、小学校又は中学校の入学期日を通知し、同時に当該学校長にも、対象者氏名・入学期日を通知すること

a **視覚障害者等以外の者**
視覚障害者・聴覚障害者・知的障害者・肢体不自由者・病弱者（以下、「視覚障害者等」という）で下表に規定する障害の程度のもの以外の者

b **認定就学者**
視覚障害者等のうち、特別事情により市町村教育委員会が就学を認めた者

［障害の程度（学教法75条、同施令22条の３）］

区　分	障害の程度
視覚障害者	①両眼の視力がおおむね0.3未満 ②視力以外の視機能障害が高度のもののうち、拡大鏡等の使用によっても通常の文字、図形等の視覚による認識が不可能又は著しく困難な程度のもの
聴覚障害者	両耳の聴力レベルがおおむね60デシベル以上のもののうち、補聴器等の使用によっても通常の話声を解することが不可能又は著しく困難な程度のもの
知的障害者	①知的発達の遅滞があり、他人との意思疎通が困難で、日常生活を営むのに頻繁に援助を必要とする程度のもの ②知的発達の遅滞の程度が①の程度に達しないもののうち、社会生活への適応が著しく困難なもの
肢体不自由者	①補装具の使用によっても歩行・筆記等、日常生活における基本的な動作が不可能又は困難な程度のもの ②肢体不自由の状態が①の程度に達しないもののうち、常時の医学的観察指導を必要とする程度のもの
病弱者	①慢性の呼吸器疾患、腎臓疾患、神経疾患、悪性新生物その他の疾患の状態が継続して医療又は生活規制を必要とする程度のもの ②身体虚弱の状態が継続して生活規制を必要とする程度のもの

13 就学・入学等（4）

❷教育委員会に対する通知

対象者	状況
視覚障害者等でなくなった者の通知 （学教法施令6条の2）	特別支援学校に在学する学齢児童又は生徒で、視覚障害者等でなくなった者があるとき
認定就学者として適当な者の通知 （学教法施令6条の3）	特別支援学校に在学する学齢児童又は生徒で、認定就学者として就学することが適当であると思料する者があるとき

```
                              ②当該者の氏名及びその
  都道府県教育委員会  ──状況を速やかに通知──→  市町村教育委員会
         ↑
      ①速やかに通知
  当該学校の学校長
```

※教育委員会は、都道府県・市町村ともに、当該学齢児童又は生徒の住所の存するところが対象になる

対象者	状況
認定就学者で、視覚障害者等でなくなった者の通知 （学教法施令6条の4）	視覚障害者等で認定就学者として小学校又は中学校に在学する者のうち、視覚障害者等でなくなった者があるとき
中退児童・生徒の通知 （学教法施令10条）	学齢児童又は生徒のうち視覚障害者等以外の者で、その住所地の市町村の設置する小・中学校以外に在学する者が、その全課程修了前に退学したとき

```
  当該学校の学校長  ──速やかに通知──→  市町村教育委員会
```

◘学校の指定

❶通常の指定（学教法施令5条②）

市町村教育委員会 ➡ 設置する小学校又は中学校が2校以上ある場合は、入学期日の通知において、就学予定者の就学すべき学校を指定すること

> あらかじめ、保護者の意見を聴取することが可
> この場合は、その手続に関する必要事項を定め、公表すること
> 指定の通知において、指定の変更について保護者の申立てができる旨を示すこと
> （学教法施規32条）

- 教育委員会が児童の入学する学校を指定する行為は、行政行為の中の命令的行為に属するものであり、この指定は、児童の保護者に対して義務を課するものと解される（昭27.4.17初中局庶務課長回答）

※「行政行為の中の命令的行為」については、本書姉妹書『完全整理図表でわかる行政法』を参照されたい

❷指定の変更（学教法施令6条）

- 下記に掲げる者の保護者に対し、速やかに、小学校又は中学校の入学期日を通知すること

　ア　就学予定者で、通知期限の翌日以後に当該市町村教育委員会が作成した学齢簿に新たに記載された者

　イ　学齢児童・生徒で、その住所地の変更により、当該市町村教育委員会が作成した学齢簿に新たに記載された者

　ウ　視覚障害者等でなくなった学齢児童・生徒

　エ　認定就学者としての通知を受けた学齢児童・生徒

　オ　中退通知を受けた学齢児童・生徒

　カ　視覚障害者等となった通知を受けた学齢児童・生徒のうち、認定就学者の認定をされた者

　キ　認定就学者として適当でないと通知を受けた学齢児童・生徒のうち、認定就学者の認定をされた者

　ク　新設・廃止等により、その就学すべき小・中学校の変更を要する児童・生徒等

就学・入学等　185

13 就学・入学等（5）

❸指定校変更の要領（学教法施令8条）

①学校の指定　　　　　②通　知
④指定の変更が可　　　⑤通　知

```
   市町村教育委員会  ⇄  保護者
          ③申立て
   ②通　知
   ⑤通　知        ⑤通　知
   ↓                    ↓
当初に指定した       新たに指定した
  学校の校長         学校の校長
```

※市町村教育委員会は、変更可の場合の要件・手続に関する必要事項を定め、公表すること（学教法施規33条）

◖区域外就学（学教法施令9条）

❶児童・生徒等のうち視覚障害者等以外の者
　➡通常は、当該住所地の市町村設置の小学校又は中学校へ就学

❷上記以外の小学校、中学校、中等教育学校に就学させようとする場合
　➡保護者は、その旨を当該住所地の市町村教育委員会に届け出ること
　就学させようとする学校が
　　ア　市町村又は都道府県の設置校なら、当該市町村又は都道府県の教育委員会の
　　イ　その他のものであるときは、当該就学を承諾する権限者の
　承諾を証する書面を添えること

❸市町村教育委員会は、❷の承諾を与えようとする場合には、あらかじめ、児童・生徒の住所地の市町村教育委員会に協議すること
　➡協議不調の場合でも、教育委員会から交付された承諾書により、保護者が住所地の教育委員会に届出をしたときは、その区域外就学は有効（昭30.6.1初中局長回答ほか）
　※いじめ等により児童・生徒の心身の安全が脅かされるおそれがある場合には、区域外就学について弾力的に認めること（昭60.6.29初中局長通知ほか）

◆ 特別支援学校への就学

❶ 特別支援学校への就学についての通知（学教法施令11条）

市町村教育委員会 ──通　知──▶ 都道府県教育委員会

> 就学対象年齢者のうち視覚障害者等について、翌学年の初めから3月前までに、その氏名・特別支援学校に就学させるべき旨を通知し、それに係る学齢簿の謄本等を送付すること（ただし、認定就学者は除く）

❷ 視覚障害者等となった者の教育委員会への通知
（学教法施令12条、12条の2）

対象者	状　況
視覚障害者等となった者の通知	小学校、中学校、中等教育学校に在学する学齢児童・生徒で視覚障害者等になった者があるとき
認定就学者として適当でなくなった者の通知	認定就学者のうち、障害状態の変化により、これが適当でなくなったと思料する者があるとき

市町村教育委員会 ──②当該者の氏名及びその状況を速やかに通知──▶ 都道府県教育委員会

↑①速やかに通知

当該学校の学校長

> ※市町村教育委員会は、認定就学者として現に在学する学校に引き続き就学させるときは、当該校長にその旨を通知すること

13 就学・入学等（6）

❸入学期日等の通知（学教法施令14条①、15条①）

| 都道府県教育委員会 | ➡ | 特別支援学校への就学対象者の保護者に対し、入学期日を通知し、同時に当該学校長及び対象者の住所地の市町村教育委員会にも、対象者氏名・入学期日を通知すること |

- ➡ 前ページ❶の場合には、翌学年の初めから2月前までに通知すること
- ➡ 前ページ❷又は特別支援学校の新設・廃止等により就学先を変更する必要が生じた等の理由による場合には、速やかに通知すること

❹学校の指定（学教法施令14条②、15条②）

| 都道府県教育委員会 | ➡ | 設置する特別支援学校が2校以上ある場合は、入学期日の通知において、就学予定者の就学すべき学校を指定し、当該市町村教育委員会にその指定校を通知すること |

❺指定校変更の要領（学教法施令16条）

①学校の指定　　　　　②通　知
④指定の変更が可　　　⑤通　知

```
┌─────────────────┐    ─────→    ┌──────────┐
│ 都道府県教育委員会 │              │  保護者  │
│                 │    ←─────    │          │
└─────────────────┘    ③申立て    └──────────┘
```

⑤通知　　⑤通知　　　　　　　⑤通知

| 市町村教育委員会 | 当初に指定した特別支援学校の校長 | 新たに指定した特別支援学校の校長 |

❻区域外就学（学教法施令 17 条）

ア　児童・生徒等のうち視覚障害者等
　→　通常は、当該住所地の都道府県設置の特別支援学校へ就学

イ　上記以外の特別支援学校に就学させようとする場合
　→　保護者は、その旨を当該住所地の市町村教育委員会を経由して、当該住所地の都道府県教育委員会に届け出ること

就学させようとする学校が
　ア　他の都道府県の設置校なら、当該都道府県教育委員会の
　イ　その他のものであるときは、当該就学を承諾する権限者の
承諾する書面を添えること

❼視覚障害者等の中途退学者の処置（学教法施令 18 条）

学齢児童又は生徒のうち視覚障害者等で、その住所地の都道府県の設置する特別支援学校以外に在学する者が、その全課程修了前に退学したとき

| 当該学校の学校長 | → | 市町村教育委員会 |

当該学齢児童・生徒の住所地の市町村教育委員会を経由して、当該住所地の都道府県教育委員会に通知すること

→ 都道府県教育委員会

❽保護者及び有識者の意見聴取（学教法施令 18 条の 2）

市町村教育委員会　◯→　翌学年の初めから認定就学者として小学校に就学させるべき者又は特別支援学校の小学部に就学させるべき者について、入学期日の通知をしようとするときは、その保護者及び障害に関する専門的知識を有する者の意見を聴くこと

13 就学・入学等（7）

◘入学資格等

種　別	内　容
幼稚園 （学教法26条）	入園資格 ● 満3歳から、小学校就学の始期に達するまでの幼児
小学校 （学教法17条①）	● 学齢期になると、自動的に入学（就学）対象になる
中学校 （学教法17条②）	⬇ 就学させることは保護者の義務（義務教育）
高等学校 （学教法57条、学教法施規78条、90条、116条）	①入学資格 ● 中学校又はこれに準ずる学校の卒業者 ● 中等教育学校の前期課程修了者 ● 文部科学大臣の定めにより、上記と同等以上の学力があると認められた者 ⬇ ア　中学校の校長は、卒業後、高等学校、高等専門学校その他の学校に進学しようとする生徒がある場合には、その学校の校長に調査書その他必要な書類を送付すること 　　（下記エ、オの場合は、送付不要） ⬇ イ　中学校より送付された調査書その他必要な書類、学力検査の成績等を資料として行う入学者選抜に基づいて、校長がこれを許可する ウ　学力検査は、特別事情があれば、行わないことが可 エ　調査書は、特別事情があれば、選抜の資料としないことが可 オ　連携型高等学校の入学選抜では、連携型中学校の生徒については、調査書・学力検査の成績以外の資料で行うことが可 カ　公立高等学校に係る学力検査は、当該校を設置する都道府県又は市町村の教育委員会が行う キ　併設型高等学校では、当該校に係る併設型中学校の生徒については、入学者選抜は行わない

種　別	内　容
高等学校 (学教法59条、学教法施規91～94条)	※1　高等学校の入学許可の取消権は、許可権を有する校長にある（昭30.5.2初中局長回答） 　2　調査書には、生徒の性格、行動に関しても客観的事実を公正に記載すべきである 　　　（昭63.7.15最裁判） ②編入学資格 　●第1学年の途中又は第2学年以上に入学を許可される者は、相当年齢に達し、当該学年に在学する者と同等以上の学力があると認められた者とする ③転学・転籍 　●他の高等学校に転学を志望する生徒があれば、校長は、理由を考慮し、生徒の在学証明書その他必要な書類を転学先の校長に送付すること 　●転学先の校長は、教育上支障がない場合には、転学を許可することが可 　●全日制・定時制・通信制の課程相互間の転学・転籍については、修得した単位に応じて、相当学年に転入することが可 ④休・退学 　●生徒が休学又は退学しようとするときは、校長の許可を受けること ⑤外国の高等学校への留学 　●校長は、教育上有益と認めるときは、生徒が外国の高等学校に留学することを許可することが可 　●上記の履修を当該高等学校での履修と見なし、36単位を超えない範囲での単位認定が可
中等教育学校 (学教法施規110条)	●中等教育学校の入学は、設置者の定めるところにより、校長がこれを許可する ●公立の中等教育学校については、学力検査は行わない
特別支援学校 (学教法施令11条)	●市町村教育委員会からの通知による

13 就学・入学等（8）

種別	内容
大学 （学教法90条、学教法施規161条）	①入学資格 ● 高等学校又は中等教育学校の卒業者 ● 通常課程による12年の学校教育修了者 ● 文部科学大臣の定めにより、上記と同等以上の学力があると認められた者 ②短期大学卒業者の大学編入学 ● 短期大学卒業者は、編入学しようとする大学（短期大学を除く）の定めにより、当該大学に編入学することが可
大学院 （学教法102条）	入学資格 ● 大学の卒業者 ● 文部科学大臣の定めにより、上記と同等以上の学力があると認められた者
高等専門学校 （学教法118条、121条、122条）	①入学資格 ● 高等学校と同じ ②準学士 ● 高等専門学校卒業者は、準学士と称することが可 ③大学編入学資格 ● 高等専門学校卒業者は、文部科学大臣の定めにより、大学に編入学することが可
専修学校 （学教法施規181条、学教法132条）	①入学等 ● 入学・退学・休学等については、校長が定める ②大学編入学資格 ● 専修学校の専門課程修了者は、文部科学大臣の定めにより、大学に編入学することが可

※下記の校長は、全課程修了者には、卒業証書を授与すること
小学校、中学校、高等学校、中等教育学校、特別支援学校、大学、高等専門学校
（学教法施規58条、79条、104条、113条、135条、173条、179条）

[教育機関の一般的進学図]

```
特別支援学校          幼　稚　園
幼　稚　部  ←→

    ↓                   ↓

特別支援学校          小　学　校
小　学　部  ←→

    ↓                   ↓

特別支援学校    中　学　校    中等教育学校
中　学　部  ←→              前期課程

    ↓              ↓            ↓

特別支援学校   高等学校   高　等   中等
高　等　部  ←→         専門学校  教育学校
                                後期課程

              ↓      ↓       ↓

                  大　学

                    ↓

                  大　学　院
```

14 保健・給食・災害共済給付（1）

地味な分野ですが、法令の規定が厳格に定められています。ここでは、こと細かな内容にまでは言及していませんが、最低限知っておいた方がよい事項を掲載していますので、一読しておいてください。

◖学校における保健管理（学保法5条）

> 学校は、児童生徒等及び職員の健康診断、環境衛生検査、児童生徒等に対する指導その他保健に関する事項について計画を策定し、これを実施すること

◖健康診断

❶健康診断総論（学教法12条）

学校は、別に**法律**で定めるところにより、下記を実施すること

→ 学校保健安全法

幼児・児童・生徒・学生・職員の健康の保持増進を図るため、
ア　健康診断を行う
イ　その他保健に必要な措置を講じる

❷就学時健康診断

項　目	内　容
実施義務者 （学保法11条）	市町村教育委員会
対象者 （学保法11条）	翌学年の初めから、小学校等に就学させるべき者で、当該市町村区域内に住所を有する者
時　期 （学保法施令1条）	学齢簿が作成された後、翌学年の初めから4月前までの間に行う
通　知 （学保法施令3条）	市町村教育委員会は、実施の日時・場所・実施の要領等を当該保護者に通知すること
検査項目 （学保法施令2条）	栄養状態、脊柱及び胸郭の疾病・異常、視力、聴力、眼疾、耳鼻咽喉疾患、皮膚疾患、歯・口腔疾患、その他の疾患
結果による措置 （学保法12条、 　同施令4条）	市町村教育委員会は結果に基づき、就学時健康診断票を作成し、受診者の入学する学校の学校長に送付するとともに、保健上必要な指導助言等を行う

❸児童・生徒等の健康診断

項　目	内　容
実施義務者 (学保法13条)	学　校
時　期 (学保法施規5条)	毎学年6月30日までに行う
保健調査 (学保法施規11条)	健康診断の実施に当たっては、小学校では入学時及び必要と認めるときに、それ以外の学校では必要と認めるときに、あらかじめ児童生徒等の発育・健康状態等に関する調査を行う
検査項目 (学保法施規6条)	身長、体重、座高、栄養状態、脊柱及び胸郭の疾病・異常、視力、聴力、眼の疾病・異常、耳鼻咽喉疾患、皮膚疾患、歯・口腔疾病・異常、結核の有無、心臓疾病・異常、尿、寄生虫卵の有無、その他の疾病・異常の有無（この他に、胸囲・肺活量・背筋力・握力等の機能を検査項目に加えることが可） ※結核は、検査する学年についての規定がある
診断票の作成 (学保法施規8条)	学校は、健康診断の結果に基づき、健康診断票を作成し、進学・転学先の学校長に送付すること （保存期間は5年間）
結果による措置 (学保法施規9条)	学校は、健康診断の結果を21日以内に児童生徒等とその保護者に通知するとともに、疾病の予防処置、治療の指示、運動・作業の軽減等適切な措置を講ずること
臨時の健康診断 (学保法13〜14条、同施規10条)	学校は、感染症・食中毒の発生時、夏季休業直前又は直後、結核・寄生虫等の検査、卒業時等、必要に応じて臨時の健康診断を行い、適切な措置を講ずること
学校病 (学保法施令8〜10条、学保法24〜25条)	感染症又は学習に支障を生ずるおそれのある疾病で、トラコーマ、結膜炎、白癬、疥癬、膿痂疹、中耳炎、慢性副鼻腔炎、アデノイド、齲歯、寄生虫病を指す ※地方公共団体による医療券の発行 要保護・準要保護児童・生徒が、学校の指示により上記の学校病の治療をするときは、当該地方公共団体が援助を行い、その経費の一部を国が補助する

14 保健・給食・災害共済給付（2）

❹職員健康診断

項　目	内　容
実施義務者 （学保法15条①）	学校設置者
対象者	学校長、教員、事務職員、技術職員、助手、その他の職員
時　期 （学保法施規12条）	児童・生徒等の健康診断の規定を準用する （毎学年6月30日までに行う）
検査項目 （学保法施規13～14条）	身長、体重、腹囲、視力、聴力、結核、血圧、尿、胃の疾病・異常、貧血、肝機能、血中脂質、血糖、心電図、その他 ※身長は、省略が可 胃は、40歳未満の職員の除外が可 貧血から心電図までは、35歳未満及び36歳以上40歳未満の職員の除外が可（その他、例外あり）
診断票の作成 （学保法施規15条）	学校設置者は、健康診断の結果に基づき、健康診断票を作成し、当該職員の異動に際しては、異動後の学校設置者に送付すること（保存期間は5年間）
結果による措置 （学保法16条、同施規16条）	学校設置者は、異常のある者、注意を要する者については、診断に当たった医師の指導に基づき、勤務の軽減等適切な措置を講ずること
臨時の健康診断 （学保法15条、同施規17条）	児童・生徒等の場合と同様に、必要に応じて臨時の健康診断を行い、適切な措置を講ずること

❺健康相談（学保法8条）

学校は、児童生徒等の心身の健康に関し、健康相談を行う

◘感染症

❶学校感染症（学保法施規18条）
→ 下表のとおり、学校において予防すべき感染症

種別	病名
第1種	エボラ出血熱、クリミア・コンゴ出血熱、痘そう、南米出血熱、ペスト、マールブルグ病、ラッサ熱、急性灰白髄炎、ジフテリア、重症急性呼吸器症候群、鳥インフルエンザ
第2種	インフルエンザ、百日咳、麻しん（はしか）、流行性耳下腺炎、風しん、水痘、咽頭結膜熱、結核、髄膜炎菌性髄膜炎
第3種	コレラ、細菌性赤痢、腸管出血性大腸菌感染症、腸チフス、パラチフス、流行性角結膜炎、急性出血性結膜炎、その他の感染症

❷予防措置
- 16歳未満の者については、その保護者が予防接種を受けさせるため必要な措置を講ずるよう努めること（予防接種法8条②）
  ➡ 予防接種を行う疾病の種類は、ジフテリア、百日せき、急性灰白髄炎、麻しん、風しん、日本脳炎、破傷風、結核、Hib感染症、肺炎球菌感染症（小児がかかるものに限る。）、ヒトパピローマウイルス感染症である
- 校長は、感染症患者・被疑者を発見したときは、当該児童生徒等の出席停止、消毒等の措置をとること（学保法施規21条）

❸臨時休業（学保法20条、31条）
- 学校設置者は、感染症予防上必要に応じて、学校の全部又は一部を臨時休業にすることが可
- 学校設置者は、臨時休業を行う事務を校長に委任することが可

❹患者の就業停止（感染症予防法18条②）
- 感染症の患者及び無症状病原体保菌者は、直接、児童・生徒に接する業務は、原則として禁じられる

14 保健・給食・災害共済給付（3）

◘保健管理組織

職名等	職務・役割
教育委員会 （地教行法21条Ⅸ・Ⅹ）	教育委員会は、学校その他の教育機関の環境衛生を管理し、教職員、児童・生徒の保健・安全厚生及び福利に関することを管理し、執行する
養護教諭 養護助教諭 （学教法37条ほか）	学校には、養護教諭又は養護助教諭を置き、児童等の養護をつかさどり又はその職務を助ける
保健主事 （学教法施規45条ほか）	学校には、保健主事を置き、学校長の監督を受け、保健に関する事項の管理に当たる（教諭又は養護教諭をもってこれに充てる）
学校保健技師 （学保法22条）	都道府県教育委員会は、学校における保健管理に関する専門的・技術的指導及び技術に従事する学校保健技師を置くことが可
学校医 学校歯科医 学校薬剤師 （学保法23条、同施規22～24条）	学校には、学校医・学校歯科医・学校薬剤師を置く ➡ 定められた職務に従事した場合には、執務記録簿に記入して、校長に提出すること ①学校医 （通常は、内科医・眼科医・耳鼻咽喉科医を指す） 　ア　学校保健計画・学校安全計画の立案に参与すること 　イ　学校の環境衛生の維持・改善に関し、学校薬剤師と協力して、必要な指導・助言を行うこと 　ウ　健康相談に従事すること 　エ　保健指導に従事すること 　オ　定期健康診断に従事すること 　カ　オの結果に基づき、疾病の予防処置に従事すること 　キ　感染症の予防に関し必要な指導・助言を行い、学校における感染症・食中毒の予防処置に従事すること 　ク　校長の求めにより、救急処置に従事すること 　ケ　市町村教育委員会又は学校設置者の求めにより、就学時健康診断又は職員健康診断に従事すること 　コ　その他必要に応じ、学校における保健管理に関する専門的事項の指導に従事すること

職名等	職務・役割
	②学校歯科医 　ア　学校保健計画・学校安全計画の立案に参与すること 　イ　健康相談のうち歯に関する健康相談に従事すること 　ウ　保健指導に従事すること 　エ　定期健康診断のうち歯の検査に従事すること 　オ　エの結果に基づき、疾病の予防処置のうち、齲歯その他の歯疾の予防処置に従事すること 　カ　市町村教育委員会の求めにより、就学時健康診断のうち、歯の検査に従事すること 　キ　その他必要に応じ、学校における保健管理に関する専門的事項の指導に従事すること ③学校薬剤師 　ア　学校保健計画・学校安全計画の立案に参与すること 　イ　環境衛生検査に従事すること 　ウ　学校の環境衛生の維持及び改善に関し、必要な指導・助言を行うこと 　エ　健康相談に従事すること 　オ　保健指導に従事すること 　カ　学校において使用する医薬品・毒物・劇物・保健管理に必要な用具・材料の管理に関し必要な指導・助言を行い、必要に応じ試験・検査・鑑定を行うこと 　キ　その他必要に応じ、学校における保健管理に関する専門的事項の技術・指導に従事すること
保健室 （学保法7条）	学校には、健康診断・健康相談・保健指導・救急処置等その他の保健に関する措置を行うために、保健室を設ける 　⇨　使用に便利で、通風・採光のよい位置に設け、暖房設備をするのが適当であり、備品としては、一般設備、健康診断・健康相談用、救急措置・疾病の予防措置用、環境衛生検査用を備えることが適当である（昭33.6.16体育局長通知）

※内科・眼科・耳鼻咽喉科は「医師免許」、歯科医は「歯科医師免許」、薬剤師は「薬剤師免許」に基づき、医業に従事している

14 保健・給食・災害共済給付（4）

◖学校保健における保健所の協力（地教行法57条、同施令8～9条）

- 教育委員会は、健康診断その他学校における保健に関し、**政令で定めるところ**により、保健所設置の地方公共団体の長に協力を求めるものとする

  ア　学校の職員に対し、衛生思想の普及・向上に関し、指導を行うこと
  イ　学校保健に関し、エックス線検査その他文部科学大臣と厚生労働大臣とが協議して定める試験又は検査を行うこと
  ウ　修学旅行・校外実習その他学校以外の場所で行う教育において、学校の生徒・児童・幼児の用に供する施設・設備・食品の衛生に関すること

- 保健所は、学校の環境衛生の維持、保健衛生に関する資料の提供その他学校における保健に関し、**政令で定めるところ**により、教育委員会に助言と援助を与えるものとする

助　言

ア　飲料水・用水・給水施設の衛生に関すること
イ　汚物処理及びその施設・下水の衛生に関すること
ウ　ねずみ族・こん虫の駆除に関すること
エ　食品並びにその調理・貯蔵・摂取等の用に供される施設・設備の衛生に関すること
オ　上記ア～エに掲げるもののほか、校地・校舎・寄宿舎並びにこれらの附属設備の衛生に関すること
　※ア～オの事項について、教育委員会に助言を与えるため必要なら、保健所は、文部科学大臣が厚生労働大臣と協議して定めるところにより、学校におけるその状況調査をすることが可

援　助

ア　学校給食に関し、参考資料を提供し、又は技術援助を供与すること
イ　感染症又は中毒事故の発生に関する情報を提供すること
ウ　保健衛生に関する参考資料を貸与し、又は提供すること
エ　保健衛生に関する講習会・講演会その他の催しに、学校職員の参加の機会を供与すること

◇学校環境衛生

- 学校は、環境衛生検査に関する計画を策定し、これを実施すること（学保法5条）
- 学校環境衛生検査は、毎学年定期に行うほか、必要あれば臨時に行う（学保法施規1条）
- 学校の設置者は、学校環境衛生基準に照らしてその設置する学校の適切な環境の維持に努めなければならない（学保法6条②）
- 校長は、学校環境衛生基準に照らし、学校の環境衛生に関し適正を欠く事項があると認めた場合には、遅滞なく、その改善のために必要な措置を講じ、又は当該措置を講ずることができないときは、当該学校の設置者に対し、その旨を申し出るものとする（学保法6条③）

[学校環境衛生基準（平21.3.31告示60号）]

❶定期環境衛生検査（主なもの）

検査項目	検査回数	検査内容
照度・照明環境	年2回	照度、まぶしさ
騒音環境・騒音レベル	年2回	騒音環境、騒音レベル
教室等の空気	年2回	温熱、空気清浄度、換気
飲料水の管理（水質）	年1回	遊離残留塩素、外観、臭気、味、一般細菌、大腸菌等
学校給食の食品衛生（施設）	年1回	施設の位置、使用区分、構造、調理場内の衛生状況
水泳プールの管理	使用期間中1回	本体の衛生状態等、附属施設・設備及びその管理状況、浄化消毒設備及びその管理状況、水質 etc.
学校の清潔	年3回	校地・校舎の清潔状況、清掃の実施状況
黒板の管理	年1回	黒板面の色彩の明度・彩度、摩滅の程度
机・いすの整備	年1回	構造、適合状況、清潔状況、破損の有無

❷臨時衛生検査

- 必要があるとき、必要な検査項目について行う

❸日常衛生検査（日常点検）

- 毎授業日に、照度、騒音環境、教室の空気などを検査する

14 保健・給食・災害共済給付（5）

◘学校給食

項　目	内　容
目　的 （学給法1条）	児童・生徒の心身の健全な発達に資するものであり、かつ、児童・生徒の食に関する正しい理解と適切な判断力を養う上で重要な役割を果たす
目　標 （学給法2条） ※義務教育諸学校の場合	①適切な栄養の摂取による健康の保持増進を図ること ②日常生活における食事について、正しい理解を深め、健全な食生活を営むことができる判断力を培い、及び望ましい食習慣を養うこと ③学校生活を豊かにし、明るい社交性及び協同の精神を養うこと ④食生活が自然の恩恵の上に成り立つものであることについての理解を深め、生命及び自然を尊重する精神並びに環境の保全に寄与する態度を養うこと ⑤食生活が食にかかわる人々の様々な活動に支えられていることについての理解を深め、勤労を重んずる態度を養うこと ⑥我が国や各地域の優れた伝統的な食文化についての理解を深めること ⑦食料の生産・流通・消費について、正しい理解に導くこと
学校設置者の任務 （学給法4条）	義務教育諸学校の設置者は、当該学校における給食の実施に努めること
国・地方公共団体の任務（学給法5条）	学校給食の普及と健全な発達に努めること
開設・廃止の届出 （学給法施令1条）	学校設置者は、学校給食の開設・廃止に当たり、市町村立学校の場合には直接、私立学校の場合には知事を経由して、都道府県教育委員会に届け出ること
経費負担区分 （学給法11条、 同施令2条ほか）	施設・設備費、給食従事者の人件費は、学校設置者の負担、それ以外の費用（食材料費等）は、保護者（定時制高等学校の場合は生徒本人）の負担
国の補助 （学給法12、13条）	国は、予算の範囲内で、学校給食の開設に必要な施設・設備の経費の一部等を負担することが可

項　目	内　容
共同調理場 （学給法6条）	義務教育諸学校の設置者は、2以上の義務教育諸学校の給食施設として、共同調理場を設けることが可
栄養教諭 （学教法37⑬、49条）	学校には、栄養教諭を置き、児童・生徒の栄養の指導・管理をつかさどる
栄養内容	学校給食に供する栄養内容は、児童・生徒1人1回当たりの平均所要栄養量の基準が示されている
対象者 （学校給食実施基準1条）	学校給食は、当該学校に在学するすべての児童・生徒に対し実施する
実施回数 （学校給食実施基準2条、夜間学校給食実施基準2条）	年間を通じ、原則として毎週5回以上、授業日の昼食時（義務教育諸学校）又は夕食時（夜間課程を置く高等学校）に実施する
区　分 （学給法施規1条）	①完全給食（パン、米飯等、ミルク、おかず） ②補食給食（ミルク、おかず） ③ミルク給食（ミルクのみ）
施設・設備 （学校給食衛生管理基準5条ほか）	学校給食施設 ①調理場 　ア　汚染作業区域　検収室、食品の保管室、下処理室、返却食器等の搬入場、洗浄 　イ　非汚染作業区域　調理室、配膳室、食品等の搬出場、洗浄室 　ウ　その他　更衣室、休憩室 ②事務室等

- そばアレルギー裁判（平4.3.30札幌地裁判）

  そばアレルギーである札幌の小学生が、学校給食でそばを食べたことに起因して死亡した事件
  ➡ 担任教諭と札幌市教育委員会の安全配慮義務違反と過失が問われた

- 病原性大腸菌O-157

  平成8年夏、大阪府堺市を中心に猛威をふるい、食中毒患者は全国で8,000人を超え、その原因の1つに学校給食があげられている
  ➡ 事態を重く見た文部（科学）省は、全国の学校に対応策を求めるとともに、学校環境衛生の基準の改訂や、当該疾病を学校伝染病第3類の「その他の伝染病」（当時）に含め、校長の判断により、必要に応じ出席停止の措置をとることとした

14 保健・給食・災害共済給付（6）

◻ 災害共済給付

❶災害共済給付の仕組み（センター法16～17条）

```
独立行政法人        契約の締結                            掛金の一
日本スポーツ      ←――――→      学校設置者            部又は全
振興センター                                          額負担
                                    ↑
スポーツの振興及び児童・生徒・学        同　意
生・幼児の健康の保持増進を図るた
め、その設置するスポーツ施設の適     児童・生徒等の保護者
切かつ効率的な運営、学校の管理下
における児童・生徒等の災害に関す    ※生徒又は学生が成年に
る必要な給付等を行い、国民の心身      達しているときは、本
の健全な発達に寄与することを目的      人の同意
とした法人である（センター法3条）
```

❷給付の細目

項　目	内　容
対象 （センター法16条① 　～②、同施令5条②）	学校の管理下における児童・生徒等の災害（負傷・疾病・障害・死亡） ⬇ 「学校の管理下」の範囲 ①学校が編成した教育課程に基づく授業を受けている場合 ②学校の教育計画に基づいて行われる課外指導を受けている場合 ③休憩時間中に学校にある場合、その他校長の指示・承認に基づいて学校にある場合 ④通常の経路・方法で通学する場合 ⑤その他これらに準ずる場合
契約の締結 （センター法16条）	学校設置者が保護者の同意（生徒又は学生が成年に達しているときは、本人の同意）を得て、センターとの間に締結する 　※センターは正当な理由がない限り、締結拒否が不可

項　目	内　容
契約の解除 （センター法施令6条Ⅰ）	契約上の児童・生徒数が当該契約数の実際の児童・生徒数の在学総数より著しく少ないと認めた場合、契約解除が可
事務処理 （センター法30条）	学校設置者が地方公共団体である場合は、学校設置者が処理すべき事務は、当該団体の教育委員会が処理をする
共済掛金 （センター法17条）	政令で定める規定額を掛金としている ⬇ 学校設置者は、掛金の規定額のうち一定額を負担する 　※センターは、学校設置者が掛金の支払いを行わないときは、災害共済給付を行わない
災害共済給付金の請求と支払い （センター法施令4条）	①請　求 　学校設置者が行うが、保護者等が所定の手続きを踏んで行うことも可 ②支払い 　センターは、請求があったときは、請求内容を審査して支給額を決定し、すみやかに支払う
給付を受ける権利の時効等（センター法32〜34条）	給付を受ける権利は、給付事由発生後2年間で消滅し、また、譲渡・担保・差押え・課税等の対象にならない
災害共済給付金額 （センター法施令3条ほか）	①死亡見舞金 　2,800万円（通学等の場合は1,400万円） ②障害見舞金 　障害程度に応じて3,770万円（1級）から82万円（14級） ③医療費
給付の制限・調整 （センター法施令3条②〜③）	①医療費の打切り 　同一の傷病に関しては、医療費の支給開始後10年を経過した時以降は、給付は行わない ②損害賠償の対象になった場合 　同一事由で、当該児童・生徒が国家賠償法等により損害賠償を受けたときは、その価額の限度で給付を行わないことが可

※国家賠償制度については、本書の姉妹書『完全整理 図表でわかる行政法』114ページからを参照されたい（特に、学校事故などの賠償責任に関連がある制度である）

15 大 学 (1)

「白い巨塔」のイメージどおり、なかなかその仕組みがわかりにくい学校種別です。ただし、法令では教授会などの規定も明記されており、勉強すれば確実に解明されることも多く、面白さも感じられます。

◘大学の目的（学教法83条）

| ア 学術の中心として、広く知識を授ける
イ 深く専門の学芸を教授研究する | → | 知的・道徳的・応用的能力を展開させること |

大学は、その目的を実現するための教育研究を行い、その成果を広く社会に提供することにより、社会の発展に寄与するものとする

大学において、教授その他の研究者がその専門の研究結果を教授する自由は保障され、これを保障するための自治は認められるが、実社会の政治的社会的活動であり、かつ公開の集会又はこれに準じるものは、大学の学問の自由と自治を享有せず、当該集会への警察官の立入りは、大学の学問の自由と自治を犯すものではない（昭38.5.22最裁判　東大ポポロ座事件）

政治的目的をもつ署名運動に学生が参加し、又は政治的活動を目的とする学外の団体に学生が加入することについて、大学の教育方針に基づき、届出制あるいは許可制をとることを不合理なものということは不可
（昭49.7.19最裁判）

◘大学の構成

- 通信による教育を行うことが可（学教法84条）
- 学部を置くことを常例とするが、当該大学の教育研究上の目的を達成するため有益かつ適切なら、それ以外の教育研究上の基本となる組織の設置が可（学教法85条）
- 夜間学部又は通信教育学部の設置が可（学教法86条）
- 専攻科・別科の設置が可（学教法91条）
- 研究所その他の研究施設を附置することが可（学教法96条）
- 公開講座の施設を設けることが可（学教法107条）
- 外国の大学と連携して教育研究を実施するための学科（国際連携学科）を設けることが可

◘修業年限（学教法87条〜89条、91条）

原　則
4年

例　外
①特別の専門事項を教授研究する学部、夜間学部　　4年超が可
②医学・歯学・薬学・獣医学の履修課程　　　　　　6年
③専攻科・別科　　　　　　　　　　　　　　　　　1年以上
④成績優秀者　　　　　　　　　　　　　　　　　　3年
　3年卒業認定の要件（学教法施規147条）
　　下記のア〜エのすべてに該当する場合に限り行うことが可
　　ア　大学が、3年卒業の認定基準を定め、それを公表していること
　　イ　大学が、履修科目として登録可能な単位数の上限を定め、適切に運用していること
　　ウ　学生が、優秀な成績で修得すべき単位を修得したと認められること
　　エ　学生が当該卒業を希望していること

※修業年限の通算
　大学の学生以外の者として一の大学で一定の単位を修得した者が当該大学に入学する場合には、全修業年限の1/2を超えない範囲内で、大学が定める期間を修業年限に通算することが可

全修業年限

当該大学：1/2以内

加えることでの通算が可

他大学：一定の単位取得

15 大学 (2)

◧入学資格（学教法90条、同施規150条〜153条）

- 大学に入学することが可の者
  ① 高等学校又は中等教育学校を卒業した者
  ② 通常の課程による12年の学校教育を修了した者
  ③ 通常の課程以外の課程により②に相当する学校教育を修了した者
  ④ 文部科学大臣の定めにより、高等学校卒業者と同等以上の学力があると認められた者
  下記ア〜カのいずれかに該当する者（学教法施規150条）
    ア　外国で学校教育の12年の課程を修了した者又はこれに準ずる者で、文部科学大臣が指定した者
    イ　文部科学大臣が高等学校の課程と同等の課程を有するものとして認定した在外教育施設の当該課程を修了した者
    ウ　専修学校の高等課程で文部科学大臣が指定するものを修了した者
    エ　文部科学大臣の指定した者
    オ　高等学校卒業程度認定試験に合格した者
    カ　優れた資質を有する者として大学に入学した者であって、当該者をその後に入学させる大学において、大学教育を受けるにふさわしい学力があると認めた者
    キ　大学で個別の入学資格審査により、高等学校卒業者と同等以上の学力があると認めた者で、18歳に達した者

- 下記①②に該当する大学は、高等学校に文部科学大臣が定める年数（2年）以上在学した者であって、当該大学の定める分野で<u>特に優れた資質を有する者</u>を入学（飛び入学）させることが可（学教法施規151〜153条）
  　　　　　　　在校長の推薦を求める等、適切な制度運用を工夫すること
  ※制度の運用状況については、自己点検・評価を行い、その結果を公表すること

  ①当該分野に関する教育研究が行われている大学院が置かれていること
  ②当該分野における特に優れた資質を有する者の育成を図るのにふさわしい教育研究上の実績・指導体制を有すること

- 外国から帰国した者は、当該外国で学校教育における12年の課程を修了している場合に、大学入学の資格が与えられるので、入学を希望する大学の選抜を受けて、入学が許可される（昭40.8.6次官回答）
- 学年の始期及び終期は学長が定める（学教法施規163条）
- 学年の途中においても、学期の区分に従い、学生を入学・卒業させることが可（学教法施規163条）
- 全課程を修了した者には、卒業証書を授与すること（学教法施規173条）

◘ 職　員（学教法92条）

必　置	置くことが可
学長・教授	副学長・学部長
准教授・助教・助手	講師・技術職員
事務職員	その他必要な職員

※ただし、教育研究上の組織編制として適切と認められる場合は、准教授、助教又は助手を置かないことができる

職　種	職務内容
学　長	校務をつかさどり、所属職員を統督する
副学長	学長を助け、命を受けて校務をつかさどる
学部長	学部に関する校務をつかさどる
教　授	専攻分野について、教育上、研究上又は実務上の特に優れた知識、能力及び実績を有する者で、学生を教授し、その研究を指導し、又は研究に従事する
准教授	専攻分野について、教育上、研究上又は実務上の優れた知識、能力及び実績を有する者で、学生を教授し、その研究を指導し、又は研究に従事する
助　教	専攻分野について、教育上、研究上又は実務上の知識及び能力を有し、学生を教授し、その研究を指導し、又は研究に従事する
助　手	その所属する組織における教育研究の円滑な実施に必要な業務に従事する
講　師	教授又は准教授に準ずる職務に従事する

◘ 名誉教授（学教法106条）

- 大学は、当該大学に学長、副学長、学部長、教授、講師として勤務した者であって、教育上又は学術上特に功績のあった者に対し、当該大学の定めにより、名誉教授の称号を授与することが可

- 名誉教授の称号は、当該大学が贈る栄誉的称号で、これを身分と考えることは、適当ではない（昭25.4.19大学局長通達）

15 大 学 (3)

◘教授会（学教法93条、同施規143条、同施規144条）

- 大学に、教授会を置く
- 教授会は、学長が下記決定を行うに当たり意見を述べる
  - ア　学生の入学、卒業、課程の修了
  - イ　学位の授与
  - ウ　教育研究に関する重要事項で、教授会の意見を聴く必要があると学長が定めるもの
  - ※　その他、教授会は学長等がつかさどる教育研究事項について審議し、意見を述べることが可
- 教授会の組織には、准教授その他の職員を加えることが可
- 教授会は、その定めにより、教授会に属する職員のうちの一部で構成される代議員会、専門委員会等を置くことが可
- 教授会は、その定めにより、代議員会等の議決をもって、教授会の議決とすることが可
- 大学の学長は、入学許可を取り消す権限を有する（昭30.12.26神戸地裁判）
- 大学教員の懲戒処分は、学校教育法59条（旧学教法）の「重要事項」に含まれ、教授会の審査を経なければならない（昭54.11.16神戸地裁判）

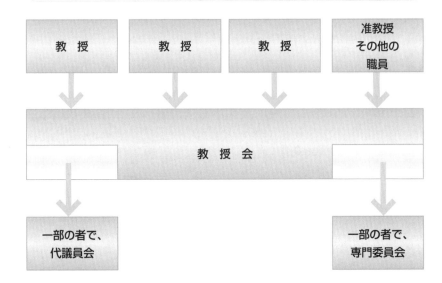

◘ 大学の所轄庁と審議会への諮問

❶ 所轄庁（学教法98条）
- 公立又は私立の大学は、文部科学大臣の所轄とする

❷ 審議会への諮問（学教法94～96条、同施令42～43条）

大学の設置基準を定める場合
学位の種類・分野の変更に関する基準を定める場合
　　→ 文部科学大臣は、中央教育審議会に諮問すること

大学の設置の認可を行う場合
必要措置の命令・勧告を行う場合
　　→ 文部科学大臣は、大学設置・学校法人審議会に諮問すること

※1　中央教育審議会（文部科学省組織令85～86条）
　　　教育・スポーツ振興等の重要事項の審議、文部科学大臣に対する意見陳述等をつかさどる
　2　大学設置・学校法人審議会（文部科学省組織令85条、88条）
　　　大学の設置に関する審議など学校教育法、私立学校法等の規定に基づき、その権限に属させられた事項を処理する
★両審議会の詳細については、22ページ参照のこと

❸ その他（学教法112条）
認証評価機関の認証をする場合
認証の基準を適用するに際して必要な細目を定める場合
認証評価機関の認証を取り消す場合
　　→ 文部科学大臣は、審議会等に諮問すること

15 大 学 (4)

◪大学院

❶設 置
- 大学には、大学院を置くことが可（学教法97条）

❷目 的（学教法99条）
ア 学術の理論・応用を教授研究し、その深奥をきわめる
イ 高度の専門性が求められる職業を担うための深い知識・卓越した能力を培う
ウ 文化の進展に寄与する
　↳ このうちア及びイを目的とするものは、専門職大学院とする

❸研究科等（学教法100条、101条）
- 研究科を置くことを常例とするが、当該大学の教育研究上の目的を達成するため有益かつ適切なら、それ以外の教育研究上の基本となる組織の設置が可
- 夜間研究科又は通信教育研究科の設置が可
- 国際連携学科の設置が可

❹入学資格（学教法102条）
- 大学院に入学することが可の者
  a 大学を卒業した者
  b 文部科学大臣の定めにより、上記と同等以上の学力があると認められた者
  c 大学に文部科学大臣が定める年数（3年）以上在学した者であって、当該大学院を置く大学の定める単位を優秀な成績で修得したと認める者

❺大学院大学（学教法103条）
- 教育研究上特別の必要があれば、学部を置くことなく大学院を置くものを大学とすることが可

◪短期大学（学教法108条）

- 大学は、学校教育法83条1項に規定する目的に代えて、深く専門の学芸を教授研究し、職業又は実際生活に必要な能力を育成することを主な目的とすることが可
- 上記を目的とする大学は、修業年限を2年又は3年とする

「短期大学」と称する

- 学部は置かず、学科を置く
- 夜間学科又は通信教育学科を置くことが可
- 大学院の設置は不可
- 卒業者は、学校教育法83条の大学に編入学することが可
- 国際連携学科の設置が可

［大学の概要図］

大学院	← 入 学	
学部・専攻科・別科	夜間学部	研究施設
大　学	通信教育学部	公開講座

↑ 編入学

学　科	夜間学部
短 期 大 学	通信教育学部

15 大 学 (5)

◧学位の授与（学教法104条、同施規145条、学位規則2～4条、5条の2～4）

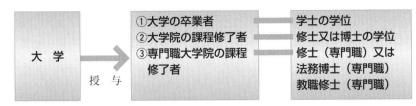

種　別	授与可能な大学	対象者
学士の学位授与	大学全般	当該大学の卒業者
修士の学位授与	大学院を置く大学	当該大学院の修士課程修了者
博士の学位授与	大学院を置く大学	当該大学院の博士課程修了者
短期大学士の学位授与	短期大学	当該短期大学の卒業者

※上記規定により博士の学位を授与された者と同等以上の学力があると認める者に対し、博士の学位を授与することが可

大学が、当該大学の定めにより、大学院の行う博士論文の審査に合格し、かつ、大学院の博士課程を修了した者と同等以上の学力を有することを確認された者

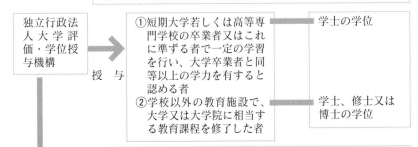

大学等の教育研究活動の状況についての評価等を行うことにより、その教育研究水準の向上を図るとともに、学位の授与を行うことにより、高等教育の段階における多様な学習の成果が適切に評価される社会の実現を図り、もって我が国の高等教育の発展に資することを目的とした機構である
（評価・学位授与機構法3条）

◘ 自己評価・認証評価

❶自己評価・認証評価の義務付け（学教法109条、同施令40条）

大学

自己評価
教育研究水準の向上に資するため、当該大学の教育研究等の状況について、自ら点検・評価を行い、結果を公表すること

認証評価
当該大学の教育研究等の総合的な状況について、7年以内ごとに、**認証評価機関**による評価を受けること

↓

文部科学大臣の認証を受けた者

※専門職大学院を置く大学は、上記規定のほか、当該専門大学院の教育研究等の状況について、5年以内ごとに認証評価を受けること

15 大 学 (6)

❷認証評価機関（学教法110条、同施規169条）

● 下記要領で認証を受けることが可

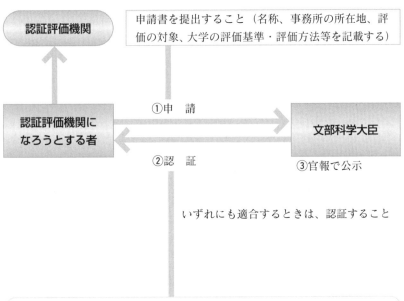

いずれにも適合するときは、認証すること

ア	評価基準・評価方法が認証評価を適確に行うに足るものであること
イ	認証評価の公正かつ適確な実施を確保するために必要な体制が整備されていること
ウ	結果を文部科学大臣に報告する前に、大学からの意見申立ての機会を付与していること
エ	経理的基礎を有する法人であること
オ	認証取消日から2年を経過しない法人でないこと
カ	その他認証評価の公正かつ適確な実施に支障を及ぼすおそれがないこと

◘特別課程（学教法105条）

大学は（大学院・短期大学を含む）、文部科学大臣の定めるところにより、当該大学の学生以外の者を対象とした特別の課程を編成し、これを修了した者に対し、修了の事実を証する証明書（履修証明書）を交付することが可

特別課程（学校法施規164条）

編成に当たっては、当該大学の開設する　｜ a　講習　b　授業科目　c　上記abの一部 ｜　により体系的に行う

編成に当たっては、あらかじめ公表する
　→ 特別課程の名称、目的、総時間数、履修資格、定員、内容、講習又は授業の方法、修了要件、その他当該大学が必要と認める事項

総時間数は、120時間以上とする

履修資格は、大学の定めるものとする
　→ ただし、当該履修資格者は、大学入学資格を有する者であること

講習又は授業の方法は、大学設置基準等の定めによる

（学教法施規164条①〜⑤）

大学は、履修証明書に、特別課程の名称、内容の概要、総時間数、その他当該大学が必要と認める事項を記載する（学教法施規164条⑥）

大学は、特別課程の編成、実施状況の評価、履修証明書の交付を行うために必要な体制を整備すること（学教法施規164条⑦）

15 大　学 (7)

●評価結果の通知等（学教法110条、同施規171条）

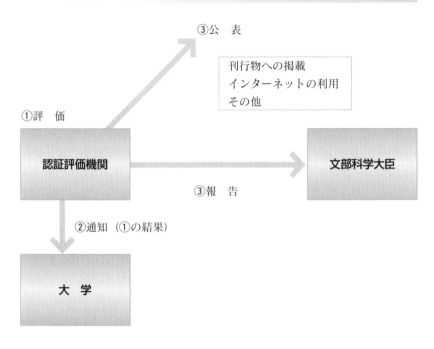

●変更・休止・廃止の届出（学教法110条⑤、同施規172条）

①変　更
　　大学評価基準
　　評価方法
　　名称、事務所の所在地等
　休止・廃止
　　認証評価業務の全部又は一部の休止・廃止

- 認証の取消（学教法111条）

```
[認証評価機関 Ⓑ]                    [文部科学大臣 Ⓐ]
```

①ⒶはⒷに対し、認証評価の公正・適確な実施が確保されないおそれありと認定
⬇
②ⒶはⒷに対し、必要な報告又は資料の提出要求が可
⬇
③Ⓑが②について　応じない／虚偽の報告又は資料を提出した／認証基準の規定に適合しなくなった　➡　等、認証評価の公正・適確な実施に著しい支障があるとき
⬇
④ⒶはⒷに対して、改善を求める
⬇
⑤Ⓑが④についてもなお改善しない
⬇
⑥ⒶはⒷに対し、認証の取消が可
⬇
⑦Ⓐは⑥について、官報で公示すること

◪教育研究活動の状況の公表（学教法113条）

大学は、教育研究の成果の普及及び活用の促進に資するため、その教育研究活動の状況を公表する

16 私立・専修・各種学校（1）

ここで取り上げる諸学校は、教育の裾野を広げる存在として貴重な役割を担っています。一般の学校と違って特別な取扱いも多く見られますので、その概要だけでも覚えておくとよいでしょう。

◧私立学校

❶定　義（私学法2～3条）

項　目	内　容
私立学校	学校法人の設置する学校
学校法人	私立学校の設置を目的として、私立学校法の定めにより設立される法人

❷私立学校の届出

ア　私立学校は、校長を定め、下表区分にて届出をすること（学教法10条）

イ　専修学校・各種学校については、上記アの下表区分bを準用（学教法133条、134条）

ウ　校長を定め、届け出るに当たっては、その履歴書を添えること（学教法施規27条）

学校の区分		義務付けられる届出先
a	●大　学 ●高等専門学校	文部科学大臣
b （a以外のすべて）	●幼稚園 ●小学校 ●中学校 ●高等学校 ●中等教育学校 ●特別支援学校 ●専修学校 ●各種学校	都道府県知事

❸変更等の届出

- 私立学校の設置者は、その設置する大学・高等専門学校について、下記に掲げる事由があるときは、その旨を文部科学大臣に届け出ること（学教法施規2条）
  - ア　目的・名称・位置・学則を変更しようとするとき
  - イ　分校を設置し、又は廃止しようとするとき
  - ウ　大学の学部その他の組織の位置を外国に変更等するとき
  - エ　大学における通信教育に関する規程を変更しようとするとき
  - オ　経費の見積り及び維持方法を変更しようとするとき
  - カ　校地・校舎その他直接教育の用に供する土地・建物に関する権利を取得・処分しようとするとき、又は用途の変更・改築等によりこれらの土地・建物の現状に重要な変更を加えようとするとき

- 私立学校の設置者は、その設置する学校（大学・高等専門学校を除く）について、下記に掲げる事由があるときは、その旨を知事に届け出ること（学教法施令27条の2）
  - ア　目的・名称・位置・学則を変更しようとするとき
  - イ　高等学校の専攻科・別科又は特別支援学校の高等部の学科・専攻科・別科を設置し、又は廃止しようとするとき
  - ウ　分校を設置し、又は廃止しようとするとき
  - エ　特別支援学校の高等部における通信教育に関する規程を変更しようとするとき
  - オ　経費の見積り及び維持方法を変更しようとするとき
  - カ　校地・校舎その他直接保育・教育の用に供する土地・建物に関する権利を取得・処分しようとするとき、又は用途の変更・改築等によりこれらの土地・建物の現状に重要な変更を加えようとするとき

- 知事は、広域の通信制課程を置く私立高等学校について、名称又は位置の変更に係るものを受けたときは、その旨を文部科学大臣に報告すること

- 私立学校の収容定員に係る学則の変更についての申請又は届出には、下記のものが必要である（学教法施規5条③）
  - ア　認可申請書又は届出書
  - イ　変更の事由及び時期を記載した書類
  - ウ　経費の見積り及び維持方法を記載した書類
  - エ　当該変更後の収容定員に必要な校地・校舎等の図面

16 私立・専修・各種学校（2）

❹私立学校審議会

項　目	内　容
設　置 (私学法9条①)	●都道府県に置く
権　限 (私学法9条①〜②)	●私学法の規定による権限事項を審議する ●私立学校（大学・高等専門学校を除く）・私立専修学校・私立各種学校に関する重要事項について、知事に建議することが可
委　員 (私学法10、12条)	●知事の定める員数をもって組織する ●教育に関する有識者のうちから、知事が任命する ●任期は4年で、再任が可（補欠委員の任期は、前任者の残任期間）

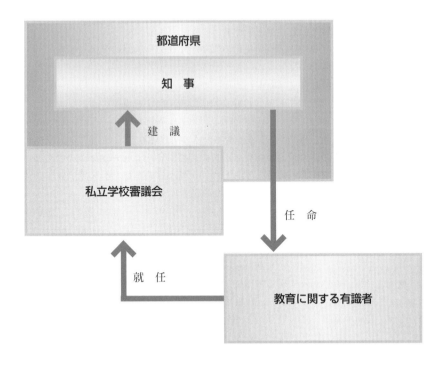

❺私立学校の所轄

学校の区分		所轄庁
a	●大　学（学教法98条） ●高等専門学校 　（学教法123条）	文部科学大臣
b	●幼稚園（学教法28条） ●小学校（学教法44条） ●中学校（学教法49条） ●高等学校（学教法62条） ●中等教育学校 　（学教法70条） ●特別支援学校 　（学教法82条） ●専修学校（学教法133条） ●各種学校 　（学教法134条）	知　事
c	●aに掲げる私立学校を設置する学校法人 　（私学法4条）	文部科学大臣
d	●bに掲げる私立学校を設置する学校法人（私学法4条） ●私立専修学校又は私立各種学校の設置のみを目的とする法人（私学法4条）	知　事
e	●a及びbに掲げる私立学校、私立専修学校又は私立各種学校とを併せて設置する学校法人（私学法4条）	文部科学大臣

※1　高等専門学校に関する規定（学教法123条）は、大学に関する規定（学教法98条）の準用である
　2　中学校から各種学校に関する規定（学教法49条ほか）は、小学校に関する規定（学教法44条）の準用である

16 私立・専修・各種学校（3）

◀学校法人

❶学校法人の概要

項　目	内　容
定　義 （私学法3条）	● 私立学校の設置を目的として、私立学校法の定めにより設立される法人
資　産 （私学法25条①）	● 設置する私立学校に必要な施設・設備・これらに要する資金・経営に必要な財産を有すること
収益事業 （私学法26条）	● 設置する私立学校の教育に支障がない限り、その収益を私立学校の経営に充てるため、収益を目的とする事業を行うことが可
設立申請 （私学法30条）	● 学校法人を設立しようとする者は、設立を目的とする寄附行為をもって所定の事項を定め、所轄庁の認可を申請すること
設立認可 （私学法31条、 同施規3条）	● 学校法人設立の申請があった場合には、文部科学大臣は、開設年度の前年度の3月31日までに認可するかどうかを決定し、その旨を速やかに通知する
役　員 （私学法35条）	● 学校法人には、役員として、理事5人以上、監事2人以上を置くこと ● 理事のうち1人は、理事長となる
評議員会 （私学法41条）	● 学校法人に、評議員会を置く ● 理事の定数の2倍を超える数の評議員で組織する ● 理事長が招集する
解　散 （私学法50条）	● 解散事由は下記のとおり 　ア　理事の2／3以上の同意及び寄附行為でさらに評議員会の議決を要するものと定められている場合には、その議決 　イ　寄附行為に定めた解散事由の発生 　ウ　目的たる事業の成功の不能 　エ　学校法人等との合併 　オ　破産手続開始の決定 　カ　所轄庁の解散命令

❷ 学校法人に対する援助

ア　一般的助成
- 国又は地方公共団体は、教育の振興上必要のあるときは、学校法人に対し、私立学校教育に関し必要な助成をすることが可（私学法59条）

イ　経常費の補助
- 国は、大学又は高等専門学校を設置する学校法人に対し、教育又は研究に係る経常的経費について、その1／2以内を補助することが可（私学助成法4条①）
- 都道府県が、その区域内にある幼稚園、小・中学校、高等学校、中等教育学校、特別支援学校を設置する学校法人に対し、教育に係る経常的経費について補助する場合には、国は、都道府県に対し、その一部の補助が可（私学助成法9条）

ウ　補助金の支出
- 国又は地方公共団体は、学校法人に対し、補助金を支出し、又は通常よりも有利な条件で貸付金をし、その他の財産を譲渡し、若しくは貸し付けることが可（私学助成法10条）

◆専修学校

❶ 定　義（学教法124条）
学教法1条に掲げる「学校」以外の教育施設で、
- 職業若しくは実際生活に必要な能力を育成する
  - 又は
- 教養の向上を図ることを目的とする

これにより、下記の各号に該当する組織的な教育を行うものをいう
- ア　修業年限が1年以上であること
- イ　授業時数が文部科学大臣の定めるもの以上であること
- ウ　教育を受ける者が常時40人以上であること

※ただし、次のものを除く
- a　我が国に居住する外国人をもっぱら対象とするもの
- b　他法に特別の規定があるもの
- EX：職業能力開発促進法に基づく公共職業能力開発施設、防衛省設置法に基づく防衛大学校

16 私立・専修・各種学校（4）

❷課　程（学教法125条）
ア　高等課程
- 中学校若しくはこれに準ずる学校を卒業した者
- 中等教育学校の前期課程を修了した者
- 文部科学大臣の定めにより、上記と同等以上の学力があると認められた者

→ 中学校における教育の基礎の上に、心身の発達に応じて❶の教育を行う

イ　専門課程
- 高等学校若しくはこれに準ずる学校を卒業した者
- 中等教育学校を卒業した者
- 文部科学大臣の定めにより、上記に準ずる学力があると認められた者

→ 高等学校における教育の基礎の上に、❶の教育を行う

ウ　一般課程
- 高等課程又は専門課程の教育以外の❶の教育を行う

❸名　称（学教法126条）
ア　高等課程を置く専修学校　⇨　高等専修学校と称することが可
イ　専門課程を置く専修学校　⇨　専門学校と称することが可

❹設置者（学教法127条）
国、地方公共団体のほか、次の各号に該当する者でなければ設置不可
ア　専修学校を経営するために必要な経済的基礎を有すること
イ　設置者が専修学校を経営するために必要な知識又は経験を有すること
ウ　設置者が社会的信望を有すること

❺適合基準（学教法128条）
専修学校は、次の各号に掲げる事項について、<u>文部科学大臣の定める基準</u>に適合していること

↓「専修学校設置基準」による

ア　目的・生徒数・課程の種類に応じて置かなければならない教員数
イ　目的・生徒数・課程の種類に応じて有しなければならない校地・校舎の面積、その位置・環境
ウ　目的・生徒数・課程の種類に応じて有しなければならない設備
エ　目的・課程の種類に応じた教育課程・編制の大綱

❻ **入学・退学・休学等（学教法施規181条）**
　専修学校の生徒の入学・退学・休学等については、校長が定める

❼ **学年の始期・終期（学教法施規184条）**
　専修学校の学年の始期・終期は、校長が定める

❽ **校長・教員・職員（学教法129条）**
　専修学校には、校長及び相当数の教員を置かなければならない

校　長	教育に関する識見を有し、かつ、教育・学術・文化に関する業務に従事した者であること
教　員	担当する教育に関する専門的な知識又は技能に関し、文部科学大臣の定める資格を有する者であること

校長及び教員のほか、助手・事務職員その他の必要な職員を置くことが可

❾ **大学への編入学（学教法132条）**
　専修学校の専門課程を修了した者は、文部科学大臣の定めにより、大学に編入学することが可（ただし、学教法90条①の大学の入学資格を有する者に限る）
　文部科学大臣の定める編入学の基準（学教法施規186条）
　　ア　修業年限が2年以上であること
　　イ　課程の修了に必要な総授業時数が別に定める時数以上であること

❿ **認可及び届出事項（学教法130〜131条）**
　● 国又は都道府県が設置する専修学校を除くほか、下記の事由があるときは、市町村立の専修学校なら都道府県教育委員会、私立の専修学校なら知事の認可を受けること
　　ア　専修学校の設置廃止
　　イ　設置者の変更
　　ウ　目的の変更
　● 都道府県教育委員会又は知事は、専修学校の設置の認可申請があれば、法規定の基準に適合するかを審査した上で、処分をすること（認可しない処分をするときは、申請者に理由を付した書面で通知すること）
　● 国又は都道府県が設置する専修学校を除くほか、下記の事由があるときは、市町村立の専修学校なら都道府県教育委員会、私立の専修学校なら知事に届け出ること
　　ア　専修学校の名称・位置・学則の変更
　　イ　その他政令で定める場合

16 私立・専修・各種学校（5）

◪各種学校

❶定　義（学教法134条）
学教法1条に掲げる「学校」以外のもので、学校教育に類する教育を行うもの

❷設置廃止等の認可（学教法134条）
ア　市町村立の各種学校なら都道府県教育委員会
イ　私立の各種学校なら都道府県知事

❸変更等の届出
a　市町村立各種学校（学教法施令26条の2）
- 市町村教育委員会は、その設置する各種学校について、下記に掲げる事由があるときは、その旨を都道府県教育委員会に届け出ること
  ア　目的・名称・位置を変更しようとするとき
  イ　分校を設置し、又は廃止しようとするとき
  ウ　学則を変更したとき

b　私立各種学校（学教法施令27条の3）
- 私立各種学校の設置者は、その設置する各種学校について、下記に掲げる事由があるときは、その旨を知事に届け出ること
  ア　目的・名称・位置・学則を変更しようとするとき
  イ　分校を設置し、又は廃止しようとするとき
  ウ　校地・校舎その他直接教育の用に供する土地・建物に関する権利を取得・処分しようとするとき、又は用途の変更・改築等によりこれらの土地・建物の現状に重要な変更を加えようとするとき

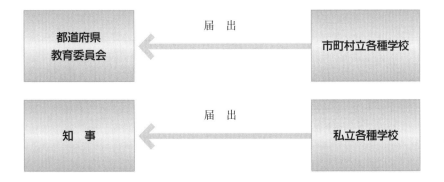

◇雑 則

❶名称の専用(学教法135条)

専修学校・各種学校その他学教法1条に掲げる「学校」以外の教育施設は、同条に掲げる学校の名称又は大学院の名称を用いること不可

高等課程を置く専修学校以外の教育施設	➡ 高等専修学校の名称	不可
専門課程を置く専修学校以外の教育施設	➡ 専門学校の名称	
専修学校以外の教育施設	➡ 専修学校の名称	

違反者は、10万円以下の罰金に処する(学教法146条)

❷設置認可申請の勧告等(学教法136条)

都道府県教育委員会(私人の経営なら、知事)は、学校以外のもの、専修学校・各種学校以外のものが専修学校又は各種学校の教育を行っている場合

- ➡ 関係者に対し、1か月以内に認可申請すべき勧告をすることが可
- ➡ 関係者が勧告に従わず又は申請したが認可が得られなかった場合、引き続き当該教育を行っているとき
- ➡ 当該教育をやめるべき旨を命ずることが可(知事が当該命令をなす場合には、あらかじめ私立学校審議会の意見を聴くこと)
- ➡ 命令違反者は、6か月以下の懲役若しくは禁錮又は20万円以下の罰金に処する(学教法143条)

```
┌─────────────┐   勧 告    ┌─────────────┐
│ 都道府県教育委員会 │ ─────→  │ 認可申請をしない │
│      又 は      │          │ 又は認可が得られない │
│     知 事      │   命 令    │ 専修・各種学校経営者 │
└─────────────┘            └─────────────┘
                                        ↑
                                      適 用
                                  ┌─────────┐
                                  │ 罰則規定 │
                                  └─────────┘
```

【資　料】

教育法令に係る主要4法

- 教育基本法 …………………………………………232

- 学校教育法（抄）……………………………………234

- 地方教育行政の組織及び運営に関する法律（抄）…244

- 教育公務員特例法（抄）……………………………250

※（抄）は、法律中の必要最低限の条文を抄録として掲載している

教育基本法

(平成18年12月22日法律第120号)

我々日本国民は、たゆまぬ努力によって築いてきた民主的で文化的な国家を更に発展させるとともに、世界の平和と人類の福祉の向上に貢献することを願うものである。我々は、この理想を実現するため、個人の尊厳を重んじ、真理と正義を希求し、公共の精神を尊び、豊かな人間性と創造性を備えた人間の育成を期するとともに、伝統を継承し、新しい文化の創造を目指す教育を推進する。ここに、我々は、日本国憲法の精神にのっとり、我が国の未来を切り拓く教育の基本を確立し、その振興を図るため、この法律を制定する。

第1章　教育の目的及び理念

(教育の目的)
第1条　教育は、人格の完成を目指し、平和で民主的な国家及び社会の形成者として必要な資質を備えた心身ともに健康な国民の育成を期して行われなければならない。

(教育の目標)
第2条　教育は、その目的を実現するため、学問の自由を尊重しつつ、次に掲げる目標を達成するよう行われるものとする。
〔1〕幅広い知識と教養を身に付け、真理を求める態度を養い、豊かな情操と道徳心を培うとともに、健やかな身体を養うこと。
〔2〕個人の価値を尊重して、その能力を伸ばし、創造性を培い、自主及び自律の精神を養うとともに、職業及び生活との関連を重視し、勤労を重んずる態度を養うこと。
〔3〕正義と責任、男女の平等、自他の敬愛と協力を重んずるとともに、公共の精神に基づき、主体的に社会の形成に参画し、その発展に寄与する態度を養うこと。
〔4〕生命を尊び、自然を大切にし、環境の保全に寄与する態度を養うこと。
〔5〕伝統と文化を尊重し、それらをはぐくんできた我が国と郷土を愛するとともに、他国を尊重し、国際社会の平和と発展に寄与する態度を養うこと。

(生涯学習の理念)
第3条　国民一人一人が、自己の人格を磨き、豊かな人生を送ることができるよう、その生涯にわたって、あらゆる機会に、あらゆる場所において学習することができ、その成果を適切に生かすことのできる社会の実現が図られなければならない。

(教育の機会均等)
第4条　すべて国民は、ひとしく、その能力に応じた教育を受ける機会を与えられなければならず、人種、信条、性別、社会的身分、経済的地位又は門地によって、教育上差別されない。
2　国及び地方公共団体は、障害のある者が、その障害の状態に応じ、十分な教育を受けられるよう、教育上必要な支援を講じなければならない。
3　国及び地方公共団体は、能力があるにもかかわらず、経済的理由によって修学が困難な者に対して、奨学の措置を講じなければならない。

第2章　教育の実施に関する基本

(義務教育)
第5条　国民は、その保護する子に、別に法律で定めるところにより、普通教育を受けさせる義務を負う。
2　義務教育として行われる普通教育は、各個人の有する能力を伸ばしつつ社会において自立的に生きる基礎を培い、また、国家及び社会の形成者として必要とされる基本的な資質を養うことを目的として行われるものとする。
3　国及び地方公共団体は、義務教育の機会を保障し、その水準を確保するため、適切な役割分担及び相互の協力の下、その実施に責任を負う。
4　国又は地方公共団体の設置する学校における義務教育については、授業料を徴収しない。

(学校教育)
第6条　法律に定める学校は、公の性質を有するものであって、国、地方公共団体及び法律に定める法人のみが、これを設置することができる。
2　前項の学校においては、教育の目標が達成されるよう、教育を受ける者の心身の発達に応じて、体系的な教育が組織的に行われなければならない。この場合において、教育を受ける者が、学校生活を営む上で必要な規律を重んずるとともに、自ら進んで学習に取り組む意欲を高めることを重視して行われなければならない。

(大学)
第7条　大学は、学術の中心として、高い教養と

専門的能力を培うとともに、深く真理を探究して新たな知見を創造し、これらの成果を広く社会に提供することにより、社会の発展に寄与するものとする。
2　大学については、自主性、自律性その他の大学における教育及び研究の特性が尊重されなければならない。

(私立学校)
第8条　私立学校の有する公の性質及び学校教育において果たす重要な役割にかんがみ、国及び地方公共団体は、その自主性を尊重しつつ、助成その他の適当な方法によって私立学校教育の振興に努めなければならない。

(教員)
第9条　法律に定める学校の教員は、自己の崇高な使命を深く自覚し、絶えず研究と修養に励み、その職責の遂行に努めなければならない。
2　前項の教員については、その使命と職責の重要性にかんがみ、その身分は尊重され、待遇の適正が期せられるとともに、養成と研修の充実が図られなければならない。

(家庭教育)
第10条　父母その他の保護者は、子の教育について第一義的責任を有するものであって、生活のために必要な習慣を身に付けさせるとともに、自立心を育成し、心身の調和のとれた発達を図るよう努めるものとする。
2　国及び地方公共団体は、家庭教育の自主性を尊重しつつ、保護者に対する学習の機会及び情報の提供その他の家庭教育を支援するために必要な施策を講ずるよう努めなければならない。

(幼児期の教育)
第11条　幼児期の教育は、生涯にわたる人格形成の基礎を培う重要なものであることにかんがみ、国及び地方公共団体は、幼児の健やかな成長に資する良好な環境の整備その他適当な方法によって、その振興に努めなければならない。

(社会教育)
第12条　個人の要望や社会の要請にこたえ、社会において行われる教育は、国及び地方公共団体によって奨励されなければならない。
2　国及び地方公共団体は、図書館、博物館、公民館その他の社会教育施設の設置、学校の施設の利用、学習の機会及び情報の提供その他の適当な方法によって社会教育の振興に努めなければならない。

(学校、家庭及び地域住民等の相互の連携協力)
第13条　学校、家庭及び地域住民その他の関係者は、教育におけるそれぞれの役割と責任を自覚するとともに、相互の連携及び協力に努めるものとする。

(政治教育)
第14条　良識ある公民として必要な政治的教養は、教育上尊重されなければならない。
2　法律に定める学校は、特定の政党を支持し、又はこれに反対するための政治教育その他政治的活動をしてはならない。

(宗教教育)
第15条　宗教に関する寛容の態度、宗教に関する一般的な教養及び宗教の社会生活における地位は、教育上尊重されなければならない。
2　国及び地方公共団体が設置する学校は、特定の宗教のための宗教教育その他宗教的活動をしてはならない。

第3章　教育行政

(教育行政)
第16条　教育は、不当な支配に服することなく、この法律及び他の法律の定めるところにより行われるべきものであり、教育行政は、国と地方公共団体との適切な役割分担及び相互の協力の下、公正かつ適正に行われなければならない。
2　国は、全国的な教育の機会均等と教育水準の維持向上を図るため、教育に関する施策を総合的に策定し、実施しなければならない。
3　地方公共団体は、その地域における教育の振興を図るため、その実情に応じた教育に関する施策を策定し、実施しなければならない。
4　国及び地方公共団体は、教育が円滑かつ継続的に実施されるよう、必要な財政上の措置を講じなければならない。

(教育振興基本計画)
第17条　政府は、教育の振興に関する施策の総合的かつ計画的な推進を図るため、教育の振興に関する施策についての基本的な方針及び講ずべき施策その他必要な事項について、基本的な計画を定め、これを国会に報告するとともに、公表しなければならない。

2 地方公共団体は、前項の計画を参酌し、その地域の実情に応じ、当該地方公共団体における教育の振興のための施策に関する基本的な計画を定めるよう努めなければならない。

第4章 法令の制定

第18条 この法律に規定する諸条項を実施するため、必要な法令が制定されなければならない。

　　　附　則（抄）
（施行期日）
1 この法律は、公布の日から施行する。

学校教育法（抄）

(昭和22年3月31日法律第26号)
最終改正：平成26年6月27日法律第88号

第1章 総　則

〔学校の範囲〕
第1条　この法律で、学校とは、幼稚園、小学校、中学校、高等学校、中等教育学校、特別支援学校、大学及び高等専門学校とする。

〔学校の設置者〕
第2条　学校は、国（国立大学法人法（平成15年法律第112号）第2条第1項に規定する国立大学法人及び独立行政法人国立高等専門学校機構を含む。以下同じ。）、地方公共団体（地方独立行政法人法（平成15年法律第118号）第68条第1項に規定する公立大学法人を含む。次項において同じ。）及び私立学校法第3条に規定する学校法人（以下学校法人と称する。）のみが、これを設置することができる。
②　この法律で、国立学校とは、国の設置する学校を、公立学校とは、地方公共団体の設置する学校を、私立学校とは、学校法人の設置する学校をいう。

〔学校の設置基準〕
第3条　学校を設置しようとする者は、学校の種類に応じ、文部科学大臣の定める設備、編制その他に関する設置基準に従い、これを設置しなければならない。

〔設置廃止等の認可〕
第4条　次の各号に掲げる学校の設置廃止、設置者の変更その他政令で定める事項（次条において「設置廃止等」という。）は、それぞれ当該各号に定める者の認可を受けなければならない。これらの学校のうち、高等学校（中等教育学校の後期課程を含む。）の通常の課程（以下「全日制の課程」という。）、夜間その他特別の時間又は時期において授業を行う課程（以下「定時制の課程」という。）及び通信による教育を行う課程（以下「通信制の課程」という。）、大学の学部、大学院及び大学院の研究科並びに第108条第2項の大学の学科についても、同様とする。
〔1〕公立又は私立の大学及び高等専門学校　文

部科学大臣
〔2〕市町村の設置する高等学校、中等教育学校及び特別支援学校　都道府県の教育委員会
〔3〕私立の幼稚園、小学校、中学校、高等学校、中等教育学校及び特別支援学校　都道府県知事
② 前項の規定にかかわらず、同項第1号に掲げる学校を設置する者は、次に掲げる事項を行うときは、同項の認可を受けることを要しない。この場合において、当該学校を設置する者は、文部科学大臣の定めるところにより、あらかじめ、文部科学大臣に届け出なければならない。
〔1〕大学の学部若しくは大学院の研究科又は第108条第2項の大学の学科の設置であつて、当該大学が授与する学位の種類及び分野の変更を伴わないもの
〔2〕大学の学部若しくは大学院の研究科又は第108条第2項の大学の学科の廃止
〔3〕前2号に掲げるもののほか、政令で定める事項
③ 文部科学大臣は、前項の届出があつた場合において、その届出に係る事項が、設備、授業その他の事項に関する法令の規定に適合しないと認めるときは、その届出をした者に対し、必要な措置をとるべきことを命ずることができる。
④ 地方自治法（昭和22年法律第67号）第252条の19第1項の指定都市（第54条第3項において「指定都市」という。）の設置する高等学校及び中等教育学校については、第1項の規定は、適用しない。この場合において、当該高等学校及び中等教育学校を設置する者は、同項の規定により認可を受けなければならないとされている事項を行おうとするときは、あらかじめ、都道府県の教育委員会に届け出なければならない。
⑤ 第2項第1号の学位の種類及び分野の変更に関する基準は、文部科学大臣が、これを定める。

〔幼稚園の設置廃止等の届出〕
第4条の2　市町村は、その設置する幼稚園の設置廃止等を行おうとするときは、あらかじめ、都道府県の教育委員会に届け出なければならない。

〔学校の管理・経費の負担〕
第5条　学校の設置者は、その設置する学校を管理し、法令に特別の定のある場合を除いては、その学校の経費を負担する。

〔授業料の徴収〕
第6条　学校においては、授業料を徴収することができる。ただし、国立又は公立の小学校及び中学校、中等教育学校の前期課程又は特別支援学校の小学部及び中学部における義務教育については、これを徴収することができない。

〔校長・教員〕
第7条　学校には、校長及び相当数の教員を置かなければならない。

〔校長・教員の資格〕
第8条　校長及び教員（教育職員免許法（昭和24年法律第147号）の適用を受ける者を除く。）の資格に関する事項は、別に法律で定めるもののほか、文部科学大臣がこれを定める。

〔校長・教員の欠格事由〕
第9条　次の各号のいずれかに該当する者は、校長又は教員となることができない。
〔1〕成年被後見人又は被保佐人
〔2〕禁錮以上の刑に処せられた者
〔3〕教育職員免許法第10条第1項第2号又は第3号に該当することにより免許状がその効力を失い、当該失効の日から3年を経過しない者
〔4〕教育職員免許法第11条第1項から第3項までの規定により免許状取上げの処分を受け、3年を経過しない者
〔5〕日本国憲法施行の日以後において、日本国憲法又はその下に成立した政府を暴力で破壊することを主張する政党その他の団体を結成し、又はこれに加入した者

〔私立学校長の届出〕
第10条　私立学校は、校長を定め、大学及び高等専門学校にあつては文部科学大臣に、大学及び高等専門学校以外の学校にあつては都道府県知事に届け出なければならない。

〔児童・生徒・学生の懲戒〕
第11条　校長及び教員は、教育上必要があると認めるときは、文部科学大臣の定めるところにより、児童、生徒及び学生に懲戒を加えることができる。ただし、体罰を加えることはできない。

〔健康診断等〕
第12条　学校においては、別に法律で定めるところにより、幼児、児童、生徒及び学生並びに

職員の健康の保持増進を図るため、健康診断を行い、その他その保健に必要な措置を講じなければならない。

〔学校閉鎖命令〕

第13条　第4条第1項各号に掲げる学校が次の各号のいずれかに該当する場合においては、それぞれ同項各号に定める者は、当該学校の閉鎖を命ずることができる。
〔1〕法令の規定に故意に違反したとき
〔2〕法令の規定によりその者がした命令に違反したとき
〔3〕6箇月以上授業を行わなかつたとき

② 前項の規定は、市町村の設置する幼稚園に準用する。この場合において、同項中「それぞれ同項各号に定める者」とあり、及び同項第2号中「その者」とあるのは、「都道府県の教育委員会」と読み替えるものとする。

〔設備・授業等の変更命令〕

第14条　大学及び高等専門学校以外の市町村の設置する学校については都道府県の教育委員会、大学及び高等専門学校以外の私立学校については都道府県知事は、当該学校が、設備、授業その他の事項について、法令の規定又は都道府県の教育委員会若しくは都道府県知事の定める規程に違反したときは、その変更を命ずることができる。

〔大学等の設備・授業等の改善勧告・変更命令等〕

第15条　文部科学大臣は、公立又は私立の大学及び高等専門学校が、設備、授業その他の事項について、法令の規定に違反していると認めるときは、当該学校に対し、必要な措置をとるべきことを勧告することができる。

② 文部科学大臣は、前項の規定による勧告によつてもなお当該勧告に係る事項（次項において「勧告事項」という。）が改善されない場合には、当該学校に対し、その変更を命ずることができる。

③ 文部科学大臣は、前項の規定による命令によつてもなお勧告事項が改善されない場合には、当該学校に対し、当該勧告事項に係る組織の廃止を命ずることができる。

④ 文部科学大臣は、第1項の規定による勧告又は第2項若しくは前項の規定による命令を行うために必要があると認めるときは、当該学校に対し、報告又は資料の提出を求めることができる。

第2章　義務教育

〔義務教育年限〕

第16条　保護者（子に対して親権を行う者（親権を行う者のないときは、未成年後見人）をいう。以下同じ。）は、次条に定めるところにより、子に9年の普通教育を受けさせる義務を負う。

〔就学させる義務〕

第17条　保護者は、子の満6歳に達した日の翌日以後における最初の学年の初めから、満12歳に達した日の属する学年の終わりまで、これを小学校又は特別支援学校の小学部に就学させる義務を負う。ただし、子が、満12歳に達した日の属する学年の終わりまでに小学校又は特別支援学校の小学部の課程を修了しないときは、満15歳に達した日の属する学年の終わり（それまでの間において当該課程を修了したときは、その修了した日の属する学年の終わり）までとする。

② 保護者は、子が小学校又は特別支援学校の小学部の課程を修了した日の翌日以後における最初の学年の初めから、満15歳に達した日の属する学年の終わりまで、これを中学校、中等教育学校の前期課程又は特別支援学校の中学部に就学させる義務を負う。

③ 前2項の義務の履行の督促その他これらの義務の履行に関し必要な事項は、政令で定める。

〔病弱等に因る就学義務の猶予・免除〕

第18条　前条第1項又は第2項の規定によつて、保護者が就学させなければならない子（以下それぞれ「学齢児童」又は「学齢生徒」という。）で、病弱、発育不完全その他やむを得ない事由のため、就学困難と認められる者の保護者に対しては、市町村の教育委員会は、文部科学大臣の定めるところにより、同条第1項又は第2項の義務を猶予又は免除することができる。

〔経済的就学困難への援助義務〕

第19条　経済的理由によつて、就学困難と認められる学齢児童又は学齢生徒の保護者に対しては、市町村は、必要な援助を与えなければならない。

〔学齢児童・生徒の使用者の義務〕

第20条　学齢児童又は学齢生徒を使用する者は、その使用によつて、当該学齢児童又は学齢生徒が、義務教育を受けることを妨げてはならない。

〔義務教育の目標〕
第21条 義務教育として行われる普通教育は、教育基本法（平成18年法律第120号）第5条第2項に規定する目的を実現するため、次に掲げる目標を達成するよう行われるものとする。
〔1〕 学校内外における社会的活動を促進し、自主、自律及び協同の精神、規範意識、公正な判断力並びに公共の精神に基づき主体的に社会の形成に参画し、その発展に寄与する態度を養うこと。
〔2〕 学校内外における自然体験活動を促進し、生命及び自然を尊重する精神並びに環境の保全に寄与する態度を養うこと。
〔3〕 我が国と郷土の現状と歴史について、正しい理解に導き、伝統と文化を尊重し、それらをはぐくんできた我が国と郷土を愛する態度を養うとともに、進んで外国の文化の理解を通じて、他国を尊重し、国際社会の平和と発展に寄与する態度を養うこと。
〔4〕 家族と家庭の役割、生活に必要な衣、食、住、情報、産業その他の事項について基礎的な理解と技能を養うこと。
〔5〕 読書に親しませ、生活に必要な国語を正しく理解し、使用する基礎的な能力を養うこと。
〔6〕 生活に必要な数量的な関係を正しく理解し、処理する基礎的な能力を養うこと。
〔7〕 生活にかかわる自然現象について、観察及び実験を通じて、科学的に理解し、処理する基礎的な能力を養うこと。
〔8〕 健康、安全で幸福な生活のために必要な習慣を養うとともに、運動を通じて体力を養い、心身の調和的発達を図ること。
〔9〕 生活を明るく豊かにする音楽、美術、文芸その他の芸術について基礎的な理解と技能を養うこと。
〔10〕 職業についての基礎的な知識と技能、勤労を重んずる態度及び個性に応じて将来の進路を選択する能力を養うこと。

第3章 幼稚園

〔幼稚園の目的〕
第22条 幼稚園は、義務教育及びその後の教育の基礎を培うものとして、幼児を保育し、幼児の健やかな成長のために適当な環境を与えて、その心身の発達を助長することを目的とする。

〔幼稚園教育の目標〕
第23条 幼稚園における教育は、前条に規定する目的を実現するため、次に掲げる目標を達成するよう行われるものとする。
〔1〕 健康、安全で幸福な生活のために必要な基本的な習慣を養い、身体諸機能の調和的発達を図ること。
〔2〕 集団生活を通じて、喜んでこれに参加する態度を養うとともに家族や身近な人への信頼感を深め、自主、自律及び協同の精神並びに規範意識の芽生えを養うこと。
〔3〕 身近な社会生活、生命及び自然に対する興味を養い、それらに対する正しい理解と態度及び思考力の芽生えを養うこと。
〔4〕 日常の会話や、絵本、童話等に親しむことを通じて、言葉の使い方を正しく導くとともに、相手の話を理解しようとする態度を養うこと。
〔5〕 音楽、身体による表現、造形等に親しむことを通じて、豊かな感性と表現力の芽生えを養うこと。

〔家庭及び地域への教育支援〕
第24条 幼稚園においては、第22条に規定する目的を実現するための教育を行うほか、幼児期の教育に関する各般の問題につき、保護者及び地域住民その他の関係者からの相談に応じ、必要な情報の提供及び助言を行うなど、家庭及び地域における幼児期の教育の支援に努めるものとする。

〔教育課程・保育内容〕
第25条 幼稚園の教育課程その他の保育内容に関する事項は、第22条及び第23条の規定に従い、文部科学大臣が定める。

〔入園資格〕
第26条 幼稚園に入園することのできる者は、満3歳から、小学校就学の始期に達するまでの幼児とする。

〔幼稚園職員の配置と職務〕
第27条 幼稚園には、園長、教頭及び教諭を置かなければならない。
② 幼稚園には、前項に規定するもののほか、副園長、主幹教諭、指導教諭、養護教諭、栄養教諭、事務職員、養護助教諭その他必要な職員を置くことができる。
③ 第1項の規定にかかわらず、副園長を置くと

きその他特別の事情のあるときは、教頭を置かないことができる。
④ 園長は、園務をつかさどり、所属職員を監督する。
⑤ 副園長は、園長を助け、命を受けて園務をつかさどる。
⑥ 教頭は、園長（副園長を置く幼稚園にあつては、園長及び副園長）を助け、園務を整理し、及び必要に応じ幼児の保育をつかさどる。
⑦ 主幹教諭は、園長（副園長を置く幼稚園にあつては、園長及び副園長）及び教頭を助け、命を受けて園務の一部を整理し、並びに幼児の保育をつかさどる。
⑧ 指導教諭は、幼児の保育をつかさどり、並びに教諭その他の職員に対して、保育の改善及び充実のために必要な指導及び助言を行う。
⑨ 教諭は、幼児の保育をつかさどる。
⑩ 特別の事情のあるときは、第1項の規定にかかわらず、教諭に代えて助教諭又は講師を置くことができる。
⑪ 学校の実情に照らし必要があると認めるときは、第7項の規定にかかわらず、園長（副園長を置く幼稚園にあつては、園長及び副園長）及び教頭を助け、命を受けて園務の一部を整理し、並びに幼児の養護又は栄養の指導及び管理をつかさどる主幹教諭を置くことができる。

〔準用規定〕
第28条　第37条第6項、第8項及び第12項から第17項まで並びに第42条から第44条までの規定は、幼稚園に準用する。

第4章　小学校

〔小学校の目的〕
第29条　小学校は、心身の発達に応じて、義務教育として行われる普通教育のうち基礎的なものを施すことを目的とする。

〔小学校教育の目標〕
第30条　小学校における教育は、前条に規定する目的を実現するために必要な程度において第21条各号に掲げる目標を達成するよう行われるものとする。
② 前項の場合においては、生涯にわたり学習する基盤が培われるよう、基礎的な知識及び技能を習得させるとともに、これらを活用して課題を解決するために必要な思考力、判断力、表現力その他の能力をはぐくみ、主体的に学習に取り組む態度を養うことに、特に意を用いなければならない。

〔児童の体験活動の充実〕
第31条　小学校においては、前条第1項の規定による目標の達成に資するよう、教育指導を行うに当たり、児童の体験的な学習活動、特にボランティア活動など社会奉仕体験活動、自然体験活動その他の体験活動の充実に努めるものとする。この場合において、社会教育関係団体その他の関係団体及び関係機関との連携に十分配慮しなければならない。

〔修業年限〕
第32条　小学校の修業年限は、6年とする。

〔教育課程〕
第33条　小学校の教育課程に関する事項は、第29条及び第30条の規定に従い、文部科学大臣が定める。

〔教科用図書その他の教材の使用〕
第34条　小学校においては、文部科学大臣の検定を経た教科用図書又は文部科学省が著作の名義を有する教科用図書を使用しなければならない。
② 前項の教科用図書以外の図書その他の教材で、有益適切なものは、これを使用することができる。
③ 第1項の検定の申請に係る教科用図書に関し調査審議させるための審議会等（国家行政組織法（昭和23年法律第120号）第8条に規定する機関をいう。以下同じ。）については、政令で定める。

〔児童の出席停止〕
第35条　市町村の教育委員会は、次に掲げる行為の1又は2以上を繰り返し行う等性行不良であつて他の児童の教育に妨げがあると認める児童があるときは、その保護者に対して、児童の出席停止を命ずることができる。
〔1〕他の児童に傷害、心身の苦痛又は財産上の損失を与える行為
〔2〕職員に傷害又は心身の苦痛を与える行為
〔3〕施設又は設備を損壊する行為
〔4〕授業その他の教育活動の実施を妨げる行為
② 市町村の教育委員会は、前項の規定により出席停止を命ずる場合には、あらかじめ保護者の意見を聴取するとともに、理由及び期間を記載

した文書を交付しなければならない。
③ 前項に規定するもののほか、出席停止の命令の手続に関し必要な事項は、教育委員会規則で定めるものとする。
④ 市町村の教育委員会は、出席停止の命令に係る児童の出席停止の期間における学習に対する支援その他の教育上必要な措置を講ずるものとする。

〔学齢未満の子の入学禁止〕
第36条　学齢に達しない子は、小学校に入学させることができない。

〔職員〕
第37条　小学校には、校長、教頭、教諭、養護教諭及び事務職員を置かなければならない。
② 小学校には、前項に規定するもののほか、副校長、主幹教諭、指導教諭、栄養教諭その他必要な職員を置くことができる。
③ 第1項の規定にかかわらず、副校長を置くときその他特別の事情のあるときは教頭を、養護をつかさどる主幹教諭を置くときは養護教諭を、特別の事情のあるときは事務職員を、それぞれ置かないことができる。
④ 校長は、校務をつかさどり、所属職員を監督する。
⑤ 副校長は、校長を助け、命を受けて校務をつかさどる。
⑥ 副校長は、校長に事故があるときはその職務を代理し、校長が欠けたときはその職務を行う。この場合において、副校長が2人以上あるときは、あらかじめ校長が定めた順序で、その職務を代理し、又は行う。
⑦ 教頭は、校長（副校長を置く小学校にあつては、校長及び副校長）を助け、校務を整理し、及び必要に応じ児童の教育をつかさどる。
⑧ 教頭は、校長（副校長を置く小学校にあつては、校長及び副校長）に事故があるときは校長の職務を代理し、校長（副校長を置く小学校にあつては、校長及び副校長）が欠けたときは校長の職務を行う。この場合において、教頭が2人以上あるときは、あらかじめ校長が定めた順序で、校長の職務を代理し、又は行う。
⑨ 主幹教諭は、校長（副校長を置く小学校にあつては、校長及び副校長）及び教頭を助け、命を受けて校務の一部を整理し、並びに児童の教育をつかさどる。
⑩ 指導教諭は、児童の教育をつかさどり、並びに教諭その他の職員に対して、教育指導の改善及び充実のために必要な指導及び助言を行う。
⑪ 教諭は、児童の教育をつかさどる。
⑫ 養護教諭は、児童の養護をつかさどる。
⑬ 栄養教諭は、児童の栄養の指導及び管理をつかさどる。
⑭ 事務職員は、事務に従事する。
⑮ 助教諭は、教諭の職務を助ける。
⑯ 講師は、教諭又は助教諭に準ずる職務に従事する。
⑰ 養護助教諭は、養護教諭の職務を助ける。
⑱ 特別の事情のあるときは、第1項の規定にかかわらず、教諭に代えて助教諭又は講師を、養護教諭に代えて養護助教諭を置くことができる。
⑲ 学校の実情に照らし必要があると認めるときは、第9項の規定にかかわらず、校長（副校長を置く小学校にあつては、校長及び副校長）及び教頭を助け、命を受けて校務の一部を整理し、並びに児童の養護又は栄養の指導及び管理をつかさどる主幹教諭を置くことができる。

〔小学校設置義務〕
第38条　市町村は、その区域内にある学齢児童を就学させるに必要な小学校を設置しなければならない。

〔学校組合の設置〕
第39条　市町村は、適当と認めるときは、前条の規定による事務の全部又は一部を処理するため、市町村の組合を設けることができる。

〔学齢児童の教育事務の委託〕
第40条　市町村は、前2条の規定によることを不可能又は不適当と認めるときは、小学校の設置に代え、学齢児童の全部又は一部の教育事務を、他の市町村又は前条の市町村の組合に委託することができる。
② 前項の場合においては、地方自治法第252条の14第3項において準用する同法第252条の2第2項中「都道府県知事」とあるのは、「都道府県知事及び都道府県の教育委員会」と読み替えるものとする。

〔小学校設置の補助〕
第41条　町村が、前2条の規定による負担に堪えないと都道府県の教育委員会が認めるときは、都道府県は、その町村に対して、必要な補助を与えなければならない。

〔学校運営評価〕
第42条　小学校は、文部科学大臣の定めるところにより当該小学校の教育活動その他の学校運営の状況について評価を行い、その結果に基づき学校運営の改善を図るため必要な措置を講ずることにより、その教育水準の向上に努めなければならない。

〔学校運営情報提供の義務〕
第43条　小学校は、当該小学校に関する保護者及び地域住民その他の関係者の理解を深めるとともに、これらの者との連携及び協力の推進に資するため、当該小学校の教育活動その他の学校運営の状況に関する情報を積極的に提供するものとする。

〔私立小学校の所管〕
第44条　私立の小学校は、都道府県知事の所管に属する。

第5章　中学校

〔中学校の目的〕
第45条　中学校は、小学校における教育の基礎の上に、心身の発達に応じて、義務教育として行われる普通教育を施すことを目的とする。

〔中学校教育の目標〕
第46条　中学校における教育は、前条に規定する目的を実現するため、第21条各号に掲げる目標を達成するよう行われるものとする。

〔修業年限〕
第47条　中学校の修業年限は、3年とする。

〔教育課程〕
第48条　中学校の教育課程に関する事項は、第45条及び第46条の規定並びに次条において読み替えて準用する第30条第2項の規定に従い、文部科学大臣が定める。

〔準用規定〕
第49条　第30条第2項、第31条、第34条、第35条及び第37条から第44条までの規定は、中学校に準用する。この場合において、第30条第2項中「前項」とあるのは「第46条」と、第31条中「前条第1項」とあるのは「第46条」と読み替えるものとする。

第6章　高等学校

〔高等学校の目的〕
第50条　高等学校は、中学校における教育の基礎の上に、心身の発達及び進路に応じて、高度な普通教育及び専門教育を施すことを目的とする。

〔高等学校教育の目標〕
第51条　高等学校における教育は、前条に規定する目的を実現するため、次に掲げる目標を達成するよう行われるものとする。
〔1〕義務教育として行われる普通教育の成果を更に発展拡充させて、豊かな人間性、創造性及び健やかな身体を養い、国家及び社会の形成者として必要な資質を養うこと。
〔2〕社会において果たさなければならない使命の自覚に基づき、個性に応じて将来の進路を決定させ、一般的な教養を高め、専門的な知識、技術及び技能を習得させること。
〔3〕個性の確立に努めるとともに、社会について、広く深い理解と健全な批判力を養い、社会の発展に寄与する態度を養うこと。

〔学科・教育課程〕
第52条　高等学校の学科及び教育課程に関する事項は、前2条の規定及び第62条において読み替えて準用する第30条第2項の規定に従い、文部科学大臣が定める。

〔定時制の課程〕
第53条　高等学校には、全日制の課程のほか、定時制の課程を置くことができる。
②　高等学校には、定時制の課程のみを置くことができる。

〔通信制の課程〕
第54条　高等学校には、全日制の課程又は定時制の課程のほか、通信制の課程を置くことができる。
②　高等学校には、通信制の課程のみを置くことができる。
③　市（指定都市を除く。）町村の設置する高等学校については都道府県の教育委員会、私立の高等学校については都道府県知事は、高等学校の通信制の課程のうち、当該高等学校の所在する都道府県の区域内に住所を有する者のほか、全国的に他の都道府県の区域内に住所を有する者を併せて生徒とするものその他政令で定める

もの（以下この項において「広域の通信制の課程」という。）に係る第4条第1項に規定する認可（政令で定める事項に係るものに限る。）を行うときは、あらかじめ、文部科学大臣に届け出なければならない。都道府県又は指定都市の設置する高等学校の広域の通信制の課程について、当該都道府県又は指定都市の教育委員会がこの項前段の政令で定める事項を行うときも、同様とする。
④　通信制の課程に関し必要な事項は、文部科学大臣が、これを定める。

〔定通制の技能教育〕
第55条　高等学校の定時制の課程又は通信制の課程に在学する生徒が、技能教育のための施設で当該施設の所在地の都道府県の教育委員会の指定するものにおいて教育を受けているときは、校長は、文部科学大臣の定めるところにより、当該施設における学習を当該高等学校における教科の一部の履修とみなすことができる。
②　前項の施設の指定に関し必要な事項は、政令で、これを定める。

〔修業年限〕
第56条　高等学校の修業年限は、全日制の課程については、3年とし、定時制の課程及び通信制の課程については、3年以上とする。

〔入学資格〕
第57条　高等学校に入学することのできる者は、中学校若しくはこれに準ずる学校を卒業した者若しくは中等教育学校の前期課程を修了した者又は文部科学大臣の定めるところにより、これと同等以上の学力があると認められた者とする。

〔専攻科・別科〕
第58条　高等学校には、専攻科及び別科を置くことができる。
②　高等学校の専攻科は、高等学校若しくはこれに準ずる学校若しくは中等教育学校を卒業した者又は文部科学大臣の定めるところにより、これと同等以上の学力があると認められた者に対して、精深な程度において、特別の事項を教授し、その研究を指導することを目的とし、その修業年限は、1年以上とする。
③　高等学校の別科は、前条に規定する入学資格を有する者に対して、簡易な程度において、特別の技能教育を施すことを目的とし、その修業年限は、1年以上とする。

〔入学・退学・転学等〕
第59条　高等学校に関する入学、退学、転学その他必要な事項は、文部科学大臣が、これを定める。

〔職員〕
第60条　高等学校には、校長、教頭、教諭及び事務職員を置かなければならない。
②　高等学校には、前項に規定するもののほか、副校長、主幹教諭、指導教諭、養護教諭、栄養教諭、養護助教諭、実習助手、技術職員その他必要な職員を置くことができる。
③　第1項の規定にかかわらず、副校長を置くときは、教頭を置かないことができる。
④　実習助手は、実験又は実習について、教諭の職務を助ける。
⑤　特別の事情のあるときは、第一項の規定にかかわらず、教諭に代えて助教諭又は講師を置くことができる。
⑥　技術職員は、技術に従事する。

〔2人以上の教頭の設置〕
第61条　高等学校に、全日制の課程、定時制の課程又は通信制の課程のうち二以上の課程を置くときは、それぞれの課程に関する校務を分担して整理する教頭を置かなければならない。ただし、命を受けて当該課程に関する校務をつかさどる副校長が置かれる一の課程については、この限りでない。

〔準用規定〕
第62条　第30条第2項、第31条、第34条、第37条第4項から第17項まで及び第19項並びに第42条から第44条までの規定は、高等学校に準用する。この場合において、第30条第2項中「前項」とあるのは「第51条」と、第31条中「前条第1項」とあるのは「第51条」と読み替えるものとする。

第7章　中等教育学校

〔中等教育学校の目的〕
第63条　中等教育学校は、小学校における教育の基礎の上に、心身の発達及び進路に応じて、義務教育として行われる普通教育並びに高度な普通教育及び専門教育を一貫して施すことを目的とする。

〔中等教育学校の目標〕
第64条　中等教育学校における教育は、前条に規定する目的を実現するため、次に掲げる目標を達成するよう行われるものとする。
〔1〕豊かな人間性、創造性及び健やかな身体を養い、国家及び社会の形成者として必要な資質を養うこと。
〔2〕社会において果たさなければならない使命の自覚に基づき、個性に応じて将来の進路を決定させ、一般的な教養を高め、専門的な知識、技術及び技能を習得させること。
〔3〕個性の確立に努めるとともに、社会について、広く深い理解と健全な批判力を養い、社会の発展に寄与する態度を養うこと。

〔修業年限〕
第65条　中等教育学校の修業年限は、6年とする。

〔課程〕
第66条　中等教育学校の課程は、これを前期3年の前期課程及び後期3年の後期課程に区分する。

〔各課程の目標〕
第67条　中等教育学校の前期課程における教育は、第63条に規定する目的のうち、小学校における教育の基礎の上に、心身の発達に応じて、義務教育として行われる普通教育を施すことを実現するため、第21条各号に掲げる目標を達成するよう行われるものとする。
②　中等教育学校の後期課程における教育は、第63条に規定する目的のうち、心身の発達及び進路に応じて、高度な普通教育及び専門教育を施すことを実現するため、第64条各号に掲げる目標を達成するよう行われるものとする。

〔各課程の学科・教育課程〕
第68条　中等教育学校の前期課程の教育課程に関する事項並びに後期課程の学科及び教育課程に関する事項は、第63条、第64条及び前条の規定並びに第70条第1項において読み替えて準用する第30条第2項の規定に従い、文部科学大臣が定める。

〔職員〕
第69条　中等教育学校には、校長、教頭、教諭、養護教諭及び事務職員を置かなければならない。
②　中等教育学校には、前項に規定するもののほか、副校長、主幹教諭、指導教諭、栄養教諭、実習助手、技術職員その他必要な職員を置くことができる。
③　第1項の規定にかかわらず、副校長を置くときは教頭を、養護をつかさどる主幹教諭を置くときは養護教諭を、それぞれ置かないことができる。
④　特別の事情のあるときは、第1項の規定にかかわらず、教諭に代えて助教諭又は講師を、養護教諭に代えて養護助教諭を置くことができる。

〔準用規定〕
第70条　第30条第2項、第31条、第34条、第37条第4項から第17項まで及び第19項、第42条から第44条まで、第59条並びに第60条第4項及び第6項の規定は中等教育学校に、第53条から第55条まで、第58条及び第61条の規定は中等教育学校の後期課程に、それぞれ準用する。この場合において、第30条第2項中「前項」とあるのは「第64条」と、第31条中「前条第1項」とあるのは「第64条」と読み替えるものとする。
②　前項において準用する第53条又は第54条の規定により後期課程に定時制の課程又は通信制の課程を置く中等教育学校については、第65条の規定にかかわらず、当該定時制の課程又は通信制の課程に係る修業年限は、6年以上とする。この場合において、第66条中「後期3年の後期課程」とあるのは、「後期3年以上の後期課程」とする。

〔一貫教育〕
第71条　同一の設置者が設置する中学校及び高等学校においては、文部科学大臣の定めるところにより、中等教育学校に準じて、中学校における教育と高等学校における教育を一貫して施すことができる。

第8章　特別支援教育

〔特別支援学校の目的〕
第72条　特別支援学校は、視覚障害者、聴覚障害者、知的障害者、肢体不自由者又は病弱者（身体虚弱者を含む。以下同じ。）に対して、幼稚園、小学校、中学校又は高等学校に準ずる教育を施すとともに、障害による学習上又は生活上の困難を克服し自立を図るために必要な知識技能を授けることを目的とする。

〔特別支援学校の教育責務〕
第73条 特別支援学校においては、文部科学大臣の定めるところにより、前条に規定する者に対する教育のうち当該学校が行うものを明らかにするものとする。

〔普通学校における特別支援教育の助言・援助〕
第74条 特別支援学校においては、第72条に規定する目的を実現するための教育を行うほか、幼稚園、小学校、中学校、高等学校又は中等教育学校の要請に応じて、第81条第1項に規定する幼児、児童又は生徒の教育に関し必要な助言又は援助を行うよう努めるものとする。

〔障害の程度〕
第75条 第72条に規定する視覚障害者、聴覚障害者、知的障害者、肢体不自由者又は病弱者の障害の程度は、政令で定める。

〔小学部・中学部の設置義務と幼稚部・高等部〕
第76条 特別支援学校には、小学部及び中学部を置かなければならない。ただし、特別の必要のある場合においては、そのいずれかのみを置くことができる。
② 特別支援学校には、小学部及び中学部のほか、幼稚部又は高等部を置くことができ、また、特別の必要のある場合においては、前項の規定にかかわらず、小学部及び中学部を置かないで幼稚部又は高等部のみを置くことができる。

〔教育課程〕
第77条 特別支援学校の幼稚部の教育課程その他の保育内容、小学部及び中学部の教育課程又は高等部の学科及び教育課程に関する事項は、幼稚園、小学校、中学校又は高等学校に準じて、文部科学大臣が定める。

〔寄宿舎の設置〕
第78条 特別支援学校には、寄宿舎を設けなければならない。ただし、特別の事情のあるときは、これを設けないことができる。

〔寄宿舎指導員〕
第79条 寄宿舎を設ける特別支援学校には、寄宿舎指導員を置かなければならない。
② 寄宿舎指導員は、寄宿舎における幼児、児童又は生徒の日常生活上の世話及び生活指導に従事する。

〔特別支援学校の設置義務〕
第80条 都道府県は、その区域内にある学齢児童及び学齢生徒のうち、視覚障害者、聴覚障害者、知的障害者、肢体不自由者又は病弱者で、その障害が第75条の政令で定める程度のものを就学させるに必要な特別支援学校を設置しなければならない。

〔特別支援学級〕
第81条 幼稚園、小学校、中学校、高等学校及び中等教育学校においては、次項各号のいずれかに該当する幼児、児童及び生徒その他教育上特別の支援を必要とする幼児、児童及び生徒に対し、文部科学大臣の定めるところにより、障害による学習上又は生活上の困難を克服するための教育を行うものとする。
② 小学校、中学校、高等学校及び中等教育学校には、次の各号のいずれかに該当する児童及び生徒のために、特別支援学級を置くことができる。
〔1〕知的障害者
〔2〕肢体不自由者
〔3〕身体虚弱者
〔4〕弱視者
〔5〕難聴者
〔6〕その他障害のある者で、特別支援学級において教育を行うことが適当なもの
③ 前項に規定する学校においては、疾病により療養中の児童及び生徒に対して、特別支援学級を設け、又は教員を派遣して、教育を行うことができる。

〔準用規定〕
第82条 第26条、第27条、第31条（第49条及び第62条において読み替えて準用する場合を含む。）、第32条、第34条（第49条及び第62条において準用する場合を含む。）、第36条、第37条（第28条、第49条及び第62条において準用する場合を含む。）、第42条から第44条まで、第47条及び第56条から第60条までの規定は特別支援学校に、第84条の規定は特別支援学校の高等部に、それぞれ準用する。

地方教育行政の組織及び運営に関する法律（抄）

（昭和31年6月30日法律第162号）
最終改正：平成26年6月20日法律第76号

第1章　総則

（この法律の趣旨）
第1条　この法律は、教育委員会の設置、学校その他の教育機関の職員の身分取扱その他地方公共団体における教育行政の組織及び運営の基本を定めることを目的とする。

（基本理念）
第1条の2　地方公共団体における教育行政は、教育基本法（平成18年法律第120号）の趣旨にのつとり、教育の機会均等、教育水準の維持向上及び地域の実情に応じた教育の振興が図られるよう、国との適切な役割分担及び相互の協力の下、公正かつ適正に行われなければならない。

（大綱の策定等）
第1条の3　地方公共団体の長は、教育基本法第17条第1項に規定する基本的な方針を参酌し、その地域の実情に応じ、当該地方公共団体の教育、学術及び文化の振興に関する総合的な施策の大綱（以下単に「大綱」という。）を定めるものとする。
2　地方公共団体の長は、大綱を定め、又はこれを変更しようとするときは、あらかじめ、次条第1項の総合教育会議において協議するものとする。
3　地方公共団体の長は、大綱を定め、又はこれを変更したときは、遅滞なく、これを公表しなければならない。
4　第1項の規定は、地方公共団体の長に対し、第21条に規定する事務を管理し、又は執行する権限を与えるものと解釈してはならない。

（総合教育会議）
第1条の4　地方公共団体の長は、大綱の策定に関する協議及び次に掲げる事項についての協議並びにこれらに関する次項各号に掲げる構成員の事務の調整を行うため、総合教育会議を設けるものとする。
〔1〕教育を行うための諸条件の整備その他の地域の実情に応じた教育、学術及び文化の振興を図るため重点的に講ずべき施策
〔2〕児童、生徒等の生命又は身体に現に被害が生じ、又はまさに被害が生ずるおそれがあると見込まれる場合等の緊急の場合に講ずべき措置
2　総合教育会議は、次に掲げる者をもつて構成する。
〔1〕地方公共団体の長
〔2〕教育委員会
3　総合教育会議は、地方公共団体の長が招集する。
4　教育委員会は、その権限に属する事務に関して協議する必要があると思料するときは、地方公共団体の長に対し、協議すべき具体的事項を示して、総合教育会議の招集を求めることができる。
5　総合教育会議は、第1項の協議を行うに当つて必要があると認めるときは、関係者又は学識経験を有する者から、当該協議すべき事項に関して意見を聴くことができる。
6　総合教育会議は、公開する。ただし、個人の秘密を保つため必要があると認めるとき、又は会議の公正が害されるおそれがあると認めるときその他公益上必要があると認めるときは、この限りでない。
7　地方公共団体の長は、総合教育会議の終了後、遅滞なく、総合教育会議の定めるところにより、その議事録を作成し、これを公表するよう努めなければならない。
8　総合教育会議においてその構成員の事務の調整が行われた事項については、当該構成員は、その調整の結果を尊重しなければならない。
9　前各項に定めるもののほか、総合教育会議の運営に関し必要な事項は、総合教育会議が定める。

第2章　教育委員会の設置及び組織

第1節　教育委員会の設置、教育長及び委員並びに会議

（設置）
第2条　都道府県、市（特別区を含む。以下同じ。）町村及び第21条に規定する事務の全部又は一部を処理する地方公共団体の組合に教育委員会を置く。

（組織）
第3条 教育委員会は、教育長及び4人の委員をもつて組織する。ただし、条例で定めるところにより、都道府県若しくは市又は地方公共団体の組合のうち都道府県若しくは市が加入するものの教育委員会にあつては教育長及び5人以上の委員、町村又は地方公共団体の組合のうち町村のみが加入するものの教育委員会にあつては教育長及び2人以上の委員をもつて組織することができる。

（任命）
第4条 教育長は、当該地方公共団体の長の被選挙権を有する者で、人格が高潔で、教育行政に関し識見を有するもののうちから、地方公共団体の長が、議会の同意を得て、任命する。
2 委員は、当該地方公共団体の長の被選挙権を有する者で、人格が高潔で、教育、学術及び文化（以下単に「教育」という。）に関し識見を有するもののうちから、地方公共団体の長が、議会の同意を得て、任命する。
3 次の各号のいずれかに該当する者は、教育長又は委員となることができない。
〔1〕破産手続開始の決定を受けて復権を得ない者
〔2〕禁錮以上の刑に処せられた者
4 教育長及び委員の任命については、そのうち委員の定数に1を加えた数の2分の1以上の者が同一の政党に所属することとなつてはならない。
5 地方公共団体の長は、第2項の規定による委員の任命に当たつては、委員の年齢、性別、職業等に著しい偏りが生じないように配慮するとともに、委員のうちに保護者（親権を行う者及び未成年後見人をいう。第47条の5第2項において同じ。）である者が含まれるようにしなければならない。

（任期）
第5条 教育長の任期は3年とし、委員の任期は、4年とする。ただし、補欠の教育長又は委員の任期は、前任者の残任期間とする。
2 教育長及び委員は、再任されることができる。

（兼職禁止）
第6条 教育長及び委員は、地方公共団体の議会の議員若しくは長、地方公共団体に執行機関として置かれる委員会の委員（教育委員会にあつては、教育長及び委員）若しくは委員又は地方公共団体の常勤の職員若しくは地方公務員法（昭和25年法律第261号）第28条の5第1項に規定する短時間勤務の職を占める職員と兼ねることができない。

（罷免）
第7条 地方公共団体の長は、教育長若しくは委員が心身の故障のため職務の遂行に堪えないと認める場合又は職務上の義務違反その他教育長若しくは委員たるに適しない非行があると認める場合においては、当該地方公共団体の議会の同意を得て、その教育長又は委員を罷免することができる。
2 地方公共団体の長は、教育長及び委員のうち委員の定数に1を加えた数の2分の1から1を減じた数（その数に1人未満の端数があるときは、これを切り上げて得た数）の者が既に所属している政党に新たに所属するに至つた教育長又は委員があるときは、その教育長又は委員を直ちに罷免するものとする。
3 地方公共団体の長は、教育長及び委員のうち委員の定数に1を加えた数の2分の1以上の者が同一の政党に所属することとなつた場合（前項の規定に該当する場合を除く。）には、同一の政党に所属する教育長及び委員の数が委員の定数に1を加えた数の2分の1から1を減じた数（その数に1人未満の端数があるときは、これを切り上げて得た数）になるように、当該地方公共団体の議会の同意を得て、教育長又は委員を罷免するものとする。ただし、政党所属関係について異動のなかつた教育長又は委員を罷免することはできない。
4 教育長及び委員は、前3項の場合を除き、その意に反して罷免されることがない。

（解職請求）
第8条 地方公共団体の長の選挙権を有する者は、政令で定めるところにより、その総数の3分の1（その総数が40万を超え80万以下の場合にあつてはその40万を超える数に6分の1を乗じて得た数と40万に3分の1を乗じて得た数とを合算して得た数、その総数が80万を超える場合にあつてはその80万を超える数に8分の1を乗じて得た数と40万に6分の1を乗じて得た数と40万に3分の1を乗じて得た数とを合算して得た数）以上の者の連署をもつて、その代表者から、当該地方公共団体の長に対し、教育長又は委員の解職を請求することが

できる。
2　地方自治法(昭和22年法律第67号)第86条第2項、第3項及び第4項前段、第87条並びに第88条第2項の規定は、前項の規定による教育長の解職の請求について準用する。この場合において、同法第87条第1項中「前条第1項に掲げる職に在る者」とあるのは「教育委員会の教育長又は委員」と、同法第88条第2項中「第86条第1項の規定による選挙管理委員若しくは監査委員又は公安委員会の委員の解職の請求」とあるのは「地方教育行政の組織及び運営に関する法律(昭和31年法律第162号)第8条第1項の規定による教育委員会の教育長又は委員の解職の請求」と読み替えるものとする。

(失職)
第9条　教育長及び委員は、前条第2項において準用する地方自治法第87条の規定によりその職を失う場合のほか、次の各号のいずれかに該当する場合においては、その職を失う。
〔1〕第4条第3項各号のいずれかに該当するに至つた場合
〔2〕前号に掲げる場合のほか、当該地方公共団体の長の被選挙権を有する者でなくなつた場合
2　地方自治法第143条第1項後段及び第2項の規定は、前項第2号に掲げる場合における地方公共団体の長の被選挙権の有無の決定及びその決定に関する争訟について準用する。

(辞職)
第10条　教育長及び委員は、当該地方公共団体の長及び教育委員会の同意を得て、辞職することができる。

(服務等)
第11条　教育長は、職務上知ることができた秘密を漏らしてはならない。その職を退いた後も、また、同様とする。
2　教育長又は教育長であつた者が法令による証人、鑑定人等となり、職務上の秘密に属する事項を発表する場合においては、教育委員会の許可を受けなければならない。
3　前項の許可は、法律に特別の定めがある場合を除き、これを拒むことができない。
4　教育長は、常勤とする。
5　教育長は、法律又は条例に特別の定めがある場合を除くほか、その勤務時間及び職務上の注意力の全てをその職責遂行のために用い、当該地方公共団体がなすべき責を有する職務にのみ従事しなければならない。
6　教育長は、政党その他の政治的団体の役員となり、又は積極的に政治運動をしてはならない。
7　教育長は、教育委員会の許可を受けなければ、営利を目的とする私企業を営むことを目的とする会社その他の団体の役員その他人事委員会規則(人事委員会を置かない地方公共団体においては、地方公共団体の規則)で定める地位を兼ね、若しくは自ら営利を目的とする私企業を営み、又は報酬を得ていかなる事業若しくは事務にも従事してはならない。
8　教育長は、その職務の遂行に当たつては、自らが当該地方公共団体の教育行政の運営について負う重要な責任を自覚するとともに、第1条の2に規定する基本理念及び大綱に則して、かつ、児童、生徒等の教育を受ける権利の保障に万全を期して当該地方公共団体の教育行政の運営が行われるよう意を用いなければならない。

第12条　前条第1項から第3項まで、第6項及び第8項の規定は、委員の服務について準用する。
2　委員は、非常勤とする。

(教育長)
第13条　教育長は、教育委員会の会務を総理し、教育委員会を代表する。
2　教育長に事故があるとき、又は教育長が欠けたときは、あらかじめその指名する委員がその職務を行う。

(会議)
第14条　教育委員会の会議は、教育長が招集する。
2　教育長は、委員の定数の3分の1以上の委員から会議に付議すべき事件を示して会議の招集を請求された場合には、遅滞なく、これを招集しなければならない。
3　教育委員会は、教育長及び在任委員の過半数が出席しなければ、会議を開き、議決をすることができない。ただし、第6項の規定による除斥のため過半数に達しないとき、又は同一の事件につき再度招集してもなお過半数に達しないときは、この限りでない。
4　教育委員会の会議の議事は、第7項ただし書の発議に係るものを除き、出席者の過半数で決

し、可否同数のときは、教育長の決するところによる。
5　教育長に事故があり、又は教育長が欠けた場合の前項の規定の適用については、前条第2項の規定により教育長の職務を行う者は、教育長とみなす。
6　教育委員会の教育長及び委員は、自己、配偶者若しくは三親等以内の親族の一身上に関する事件又は自己若しくはこれらの者の従事する業務に直接の利害関係のある事件については、その議事に参与することができない。ただし、教育委員会の同意があるときは、会議に出席し、発言することができる。
7　教育委員会の会議は、公開する。ただし、人事に関する事件その他の事件について、教育長又は委員の発議により、出席者の3分の2以上の多数で議決したときは、これを公開しないことができる。
8　前項ただし書の教育長又は委員の発議は、討論を行わないでその可否を決しなければならない。
9　教育長は、教育委員会の会議の終了後、遅滞なく、教育委員会規則で定めるところにより、その議事録を作成し、これを公表するよう努めなければならない。

（教育委員会規則の制定等）
第15条　教育委員会は、法令又は条例に違反しない限りにおいて、その権限に属する事務に関し、教育委員会規則を制定することができる。
2　教育委員会規則その他教育委員会の定める規程で公表を要するものの公布に関し必要な事項は、教育委員会規則で定める。

（教育委員会の議事運営）
第16条　この法律に定めるもののほか、教育委員会の会議その他教育委員会の議事の運営に関し必要な事項は、教育委員会規則で定める。

第2節　事務局

（事務局）
第17条　教育委員会の権限に属する事務を処理させるため、教育委員会に事務局を置く。
2　教育委員会の事務局の内部組織は、教育委員会規則で定める。

（指導主事その他の職員）
第18条　都道府県に置かれる教育委員会（以下「都道府県委員会」という。）の事務局に、指導主事、事務職員及び技術職員を置くほか、所要の職員を置く。
2　市町村に置かれる教育委員会（以下「市町村委員会」という。）の事務局に、前項の規定に準じて指導主事その他の職員を置く。
3　指導主事は、上司の命を受け、学校（学校教育法（昭和22年法律第26号）第1条に規定する学校をいう。以下同じ。）における教育課程、学習指導その他学校教育に関する専門的事項の指導に関する事務に従事する。
4　指導主事は、教育に関し識見を有し、かつ、学校における教育課程、学習指導その他学校教育に関する専門的事項について教養と経験がある者でなければならない。指導主事は、大学以外の公立学校（地方公共団体が設置する学校をいう。以下同じ。）の教員（教育公務員特例法（昭和24年法律第1号）第2条第2項に規定する教員をいう。以下同じ。）をもつて充てることができる。
5　事務職員は、上司の命を受け、事務に従事する。
6　技術職員は、上司の命を受け、技術に従事する。
7　第1項及び第2項の職員は、教育委員会が任命する。
8　教育委員会は、事務局の職員のうち所掌事務に係る教育行政に関する相談に関する事務を行う職員を指定するものとする。
9　前各項に定めるもののほか、教育委員会の事務局に置かれる職員に関し必要な事項は、政令で定める。

（事務局職員の定数）
第19条　前条第1項及び第2項に規定する事務局の職員の定数は、当該地方公共団体の条例で定める。ただし、臨時又は非常勤の職員については、この限りでない。

（事務局職員の身分取扱）
第20条　第18条第1項及び第2項に規定する事務局の職員の任免、給与、懲戒、服務その他の身分取扱に関する事項は、この法律及び教育公務員特例法に特別の定があるものを除き、地方公務員法の定めるところによる。

第3章 教育委員会及び地方公共団体の長の職務権限

(教育委員会の職務権限)

第21条 教育委員会は、当該地方公共団体が処理する教育に関する事務で、次に掲げるものを管理し、及び執行する。

〔1〕教育委員会の所管に属する第30条に規定する学校その他の教育機関(以下「学校その他の教育機関」という。)の設置、管理及び廃止に関すること。

〔2〕学校その他の教育機関の用に供する財産(以下「教育財産」という。)の管理に関すること。

〔3〕教育委員会及び学校その他の教育機関の職員の任免その他の人事に関すること。

〔4〕学齢生徒及び学齢児童の就学並びに生徒、児童及び幼児の入学、転学及び退学に関すること。

〔5〕学校の組織編制、教育課程、学習指導、生徒指導及び職業指導に関すること。

〔6〕教科書その他の教材の取扱いに関すること。

〔7〕校舎その他の施設及び教具その他の設備の整備に関すること。

〔8〕校長、教員その他の教育関係職員の研修に関すること。

〔9〕校長、教員その他の教育関係職員並びに生徒、児童及び幼児の保健、安全、厚生及び福利に関すること。

〔10〕学校その他の教育機関の環境衛生に関すること。

〔11〕学校給食に関すること。

〔12〕青少年教育、女性教育及び公民館の事業その他社会教育に関すること。

〔13〕スポーツに関すること。

〔14〕文化財の保護に関すること。

〔15〕ユネスコ活動に関すること。

〔16〕教育に関する法人に関すること。

〔17〕教育に係る調査及び基幹統計その他の統計に関すること。

〔18〕所掌事務に係る広報及び所掌事務に係る教育行政に関する相談に関すること。

〔19〕前各号に掲げるもののほか、当該地方公共団体の区域内における教育に関する事務に関すること。

(長の職務権限)

第22条 地方公共団体の長は、大綱の策定に関する事務のほか、次の各号に掲げる教育に関する事務を管理し、及び執行する。

〔1〕大学に関すること。

〔2〕私立学校に関すること。

〔3〕教育財産を取得し、及び処分すること。

〔4〕教育委員会の所掌に係る事項に関する契約を結ぶこと。

〔5〕前号に掲げるもののほか、教育委員会の所掌に係る事項に関する予算を執行すること。

(職務権限の特例)

第23条 前2条の規定にかかわらず、地方公共団体は、前条各号に掲げるもののほか、条例の定めるところにより、当該地方公共団体の長が、次の各号に掲げる教育に関する事務のいずれか又は全てを管理し、及び執行することとすることができる。

〔1〕スポーツに関すること(学校における体育に関することを除く。)。

〔2〕文化に関すること(文化財の保護に関することを除く。)。

2 地方公共団体の議会は、前項の条例の制定又は改廃の議決をする前に、当該地方公共団体の教育委員会の意見を聴かなければならない。

(事務処理の法令準拠)

第24条 教育委員会及び地方公共団体の長は、それぞれ前3条の事務を管理し、及び執行するに当たつては、法令、条例、地方公共団体の規則並びに地方公共団体の機関の定める規則及び規程に基づかなければならない。

(事務の委任等)

第25条 教育委員会は、教育委員会規則で定めるところにより、その権限に属する事務の一部を教育長に委任し、又は教育長をして臨時に代理させることができる。

2 前項の規定にかかわらず、次に掲げる事務は、教育長に委任することができない。

〔1〕教育に関する事務の管理及び執行の基本的な方針に関すること。

〔2〕教育委員会規則その他教育委員会の定める規程の制定又は改廃に関すること。

〔3〕教育委員会の所管に属する学校その他の教育機関の設置及び廃止に関すること。

〔4〕教育委員会及び教育委員会の所管に属する学校その他の教育機関の職員の任免その他の

人事に関すること。
〔5〕次条の規定による点検及び評価に関すること。
〔6〕第29条に規定する意見の申出に関すること。
3　教育長は、教育委員会規則で定めるところにより、第1項の規定により委任された事務又は臨時に代理した事務の管理及び執行の状況を教育委員会に報告しなければならない。
4　教育長は、第1項の規定により委任された事務その他その権限に属する事務の一部を事務局の職員若しくは教育委員会の所管に属する学校その他の教育機関の職員（以下この項及び次条第1項において「事務局職員等」という。）に委任し、又は事務局職員等をして臨時に代理させることができる。

（教育に関する事務の管理及び執行の状況の点検及び評価等）
第26条　教育委員会は、毎年、その権限に属する事務（前条第1項の規定により教育長に委任された事務その他教育長の権限に属する事務（同条第4項の規定により事務局職員等に委任された事務を含む。）を含む。）の管理及び執行の状況について点検及び評価を行い、その結果に関する報告書を作成し、これを議会に提出するとともに、公表しなければならない。
2　教育委員会は、前項の点検及び評価を行うに当たつては、教育に関し学識経験を有する者の知見の活用を図るものとする。

（都道府県知事に対する都道府県委員会の助言又は援助）
第27条　都道府県知事は、第22条第2号に掲げる私立学校に関する事務を管理し、及び執行するに当たり、必要と認めるときは、当該都道府県委員会に対し、学校教育に関する専門的事項について助言又は援助を求めることができる。

（教育財産の管理等）
第28条　教育財産は、地方公共団体の長の総括の下に、教育委員会が管理するものとする。
2　地方公共団体の長は、教育委員会の申出をまつて、教育財産の取得を行うものとする。
3　地方公共団体の長は、教育財産を取得したときは、すみやかに教育委員会に引き継がなければならない。

（教育委員会の意見聴取）
第29条　地方公共団体の長は、歳入歳出予算のうち教育に関する事務に係る部分その他特に教育に関する事務について定める議会の議決を経るべき事件の議案を作成する場合においては、教育委員会の意見をきかなければならない。

第4章　教育機関

第1節　通則

（教育機関の設置）
第30条　地方公共団体は、法律で定めるところにより、学校、図書館、博物館、公民館その他の教育機関を設置するほか、条例で、教育に関する専門的、技術的事項の研究又は教育関係職員の研修、保健若しくは福利厚生に関する施設その他の必要な教育機関を設置することができる。

（教育機関の職員）
第31条　前条に規定する学校に、法律で定めるところにより、学長、校長、園長、教員、事務職員、技術職員その他の所要の職員を置く。
2　前条に規定する学校以外の教育機関に、法律又は条例で定めるところにより、事務職員、技術職員その他の所要の職員を置く。
3　前2項に規定する職員の定数は、この法律に特別の定がある場合を除き、当該地方公共団体の条例で定めなければならない。ただし、臨時又は非常勤の職員については、この限りでない。

（教育機関の所管）
第32条　学校その他の教育機関のうち、大学は地方公共団体の長が、その他のものは教育委員会が所管する。ただし、第23条第1項の条例の定めるところにより地方公共団体の長が管理し、及び執行することとされた事務のみに係る教育機関は、地方公共団体の長が所管する。

（学校等の管理）
第33条　教育委員会は、法令又は条例に違反しない限度において、その所管に属する学校その他の教育機関の施設、設備、組織編制、教育課程、教材の取扱その他学校その他の教育機関の管理運営の基本的事項について、必要な教育委員会規則を定めるものとする。この場合において、当該教育委員会規則で定めようとする事項のうち、その実施のためには新たに予算を伴う

こととなるものについては、教育委員会は、あらかじめ当該地方公共団体の長に協議しなければならない。
2 　前項の場合において、教育委員会は、学校における教科書以外の教材の使用について、あらかじめ、教育委員会に届け出させ、又は教育委員会の承認を受けさせることとする定を設けるものとする。

(教育機関の職員の任命)
第34条　教育委員会の所管に属する学校その他の教育機関の校長、園長、教員、事務職員、技術職員その他の職員は、この法律に特別の定めがある場合を除き、教育委員会が任命する。

(職員の身分取扱)
第35条　第31条第1項又は第2項に規定する職員の任免、給与、懲戒、服務その他の身分取扱に関する事項は、この法律及び他の法律に特別の定がある場合を除き、地方公務員法の定めるところによる。

(所属職員の進退に関する意見の申出)
第36条　学校その他の教育機関の長は、この法律及び教育公務員特例法に特別の定がある場合を除き、その所属の職員の任免その他の進退に関する意見を任命権者に対して申し出ることができる。この場合において、大学附置の学校の校長にあつては、学長を経由するものとする。

教育公務員特例法（抄）

(昭和24年1月12日法律第1号)
最終改正：平成26年6月20日法律第76号

第1章　総則

(この法律の趣旨)
第1条　この法律は、教育を通じて国民全体に奉仕する教育公務員の職務とその責任の特殊性に基づき、教育公務員の任免、給与、分限、懲戒、服務及び研修等について規定する。

(定義)
第2条　この法律で「教育公務員」とは、地方公務員のうち、学校教育法（昭和22年法律第26号）第1条に定める学校であつて同法第2条に定める公立学校（地方独立行政法人法（平成15年法律第118号）第68条第1項に規定する公立大学法人が設置する大学及び高等専門学校を除く。以下同じ。）の学長、校長（園長を含む。以下同じ。）、教員及び部局長並びに教育委員会の専門的教育職員をいう。
2 　この法律で「教員」とは、前項の学校の教授、准教授、助教、副校長（副園長を含む。以下同じ。）、教頭、主幹教諭、指導教諭、教諭、助教諭、養護教諭、養護助教諭、栄養教諭及び講師（常時勤務の者及び地方公務員法（昭和25年法律第261号）第28条の5第1項に規定する短時間勤務の職を占める者に限る。第23条第2項を除き、以下同じ。）をいう。
3 　この法律で「部局長」とは、大学（公立学校であるものに限る。第26条第1項を除き、以下同じ。）の副学長、学部長その他政令で指定する部局の長をいう。
4 　この法律で「評議会」とは、大学に置かれる会議であつて当該大学を設置する地方公共団体の定めるところにより学長、学部長その他の者で構成するものをいう。
5 　この法律で「専門的教育職員」とは、指導主事及び社会教育主事をいう。

第2章　任免、給与、分限及び懲戒

第1節　大学の学長、教員及び部局長

(採用及び昇任の方法)
第3条　学長及び部局長の採用並びに教員の採用

及び昇任は、選考によるものとする。
2 学長の採用のための選考は、人格が高潔で、学識が優れ、かつ、教育行政に関し識見を有する者について、評議会（評議会を置かない大学にあっては、教授会。以下同じ。）の議に基づき学長の定める基準により、評議会が行う。
3 学部長の採用のための選考は、当該学部の教授会の議に基づき、学長が行う。
4 学部長以外の部局長の採用のための選考は、評議会の議に基づき学長の定める基準により、学長が行う。
5 教員の採用及び昇任のための選考は、評議会の議に基づき学長の定める基準により、教授会の議に基づき学長が行う。
6 前項の選考について教授会が審議する場合において、その教授会が置かれる組織の長は、当該大学の教員人事の方針を踏まえ、その選考に関し、教授会に対して意見を述べることができる。

（転任）
第4条 学長、教員及び部局長は、学長及び教員にあっては評議会、部局長にあっては学長の審査の結果によるのでなければ、その意に反して転任されることはない。
2 評議会及び学長は、前項の審査を行うに当たっては、その者に対し、審査の事由を記載した説明書を交付しなければならない。
3 評議会及び学長は、審査を受ける者が前項の説明書を受領した後14日以内に請求した場合には、その者に対し、口頭又は書面で陳述する機会を与えなければならない。
4 評議会及び学長は、第1項の審査を行う場合において必要があると認めるときは、参考人の出頭を求め、又はその意見を徴することができる。
5 前3項に規定するもののほか、第一項の審査に関し必要な事項は、学長及び教員にあっては評議会、部局長にあっては学長が定める。

（降任及び免職）
第5条 学長、教員及び部局長は、学長及び教員にあっては評議会、部局長にあっては学長の審査の結果によるのでなければ、その意に反して免職されることはない。教員の降任についても、また同様とする。
2 前条第2項から第5項までの規定は、前項の審査の場合に準用する。

（休職の期間）
第6条 学長、教員及び部局長の休職の期間は、心身の故障のため長期の休養を要する場合の休職においては、個々の場合について、評議会の議に基づき学長が定める。

（任期）
第7条 学長及び部局長の任期については、評議会の議に基づき学長が定める。

（定年）
第8条 大学の教員に対する地方公務員法第28条の2第1項、第2項及び第4項の規定の適用については、同条第1項中「定年に達した日以後における最初の3月31日までの間において、条例で定める日」とあるのは「定年に達した日から起算して1年を超えない範囲内で評議会の議に基づき学長があらかじめ指定する日」と、同条第2項中「国の職員につき定められている定年を基準として条例で」とあるのは「評議会の議に基づき学長が」と、同条第4項中「臨時的に任用される職員その他の法律により任期を定めて任用される職員」とあるのは「臨時的に任用される職員」とする。
2 大学の教員については、地方公務員法第28条の2第3項及び第28条の3の規定は、適用しない。
3 大学の教員への採用についての地方公務員法第28条の4から第28条の6までの規定の適用については、同法第28条の4第1項、第28条の5第1項並びに第28条の6第1項及び第2項中「任期を定め」とあるのは「教授会の議に基づき学長が定める任期をもって」と、同法第28条の4第2項（同法第28条の5第2項及び第28条の6第3項において準用する場合を含む。）中「範囲内で」とあるのは「範囲内で教授会の議に基づき学長が定める期間をもって」とする。

（懲戒）
第9条 学長、教員及び部局長は、学長及び教員にあっては評議会、部局長にあっては学長の審査の結果によるのでなければ、懲戒処分を受けることはない。
2 第4条第2項から第5項までの規定は、前項の審査の場合に準用する。

（任命権者）
第10条 大学の学長、教員及び部局長の任用、

免職、休職、復職、退職及び懲戒処分は、学長の申出に基づいて、任命権者が行う。

第2節　大学以外の公立学校の校長及び教員

（採用及び昇任の方法）

第11条　公立学校の校長の採用並びに教員の採用及び昇任は、選考によるものとし、その選考は、大学附置の学校にあつては当該大学の学長、大学附置の学校以外の公立学校にあつてはその校長及び教員の任命権者である教育委員会の教育長が行う。

（条件附任用）

第12条　公立の小学校、中学校、高等学校、中等教育学校、特別支援学校及び幼稚園（以下「小学校等」という。）の教諭、助教諭及び講師（以下「教諭等」という。）に係る地方公務員法第22条第1項に規定する採用については、同項中「6月」とあるのは「1年」として同項の規定を適用する。

2　地方教育行政の組織及び運営に関する法律（昭和31年法律第162号）第40条に定める場合のほか、公立の小学校等の校長又は教員で地方公務員法第22条第1項（前項の規定において読み替えて適用する場合を含む。）の規定により正式任用になつている者が、引き続き同一都道府県内の公立の小学校等の校長又は教員に任用された場合には、その任用については、同条同項の規定は適用しない。

（校長及び教員の給与）

第13条　公立の小学校等の校長及び教員の給与は、これらの者の職務と責任の特殊性に基づき条例で定めるものとする。

2　前項に規定する給与のうち地方自治法（昭和22年法律第67号）第204条第2項の規定により支給することができる義務教育等教員特別手当は、これらの者のうち次に掲げるものを対象とするものとし、その内容は、条例で定める。

〔1〕公立の小学校、中学校、中等教育学校の前期課程又は特別支援学校の小学部若しくは中学部に勤務する校長及び教員

〔2〕前号に規定する校長及び教員との権衡上必要があると認められる公立の高等学校、中等教育学校の後期課程、特別支援学校の高等部若しくは幼稚部又は幼稚園に勤務する校長及び教員

（休職の期間及び効果）

第14条　公立学校の校長及び教員の休職の期間は、結核性疾患のため長期の休養を要する場合の休職においては、満二年とする。ただし、任命権者は、特に必要があると認めるときは、予算の範囲内において、その休職の期間を満三年まで延長することができる。

2　前項の規定による休職者には、その休職の期間中、給与の全額を支給する。

第3節　専門的教育職員

（採用及び昇任の方法）

第15条　専門的教育職員の採用及び昇任は、選考によるものとし、その選考は、当該教育委員会の教育長が行う。

第16条　削除〔平成26法76〕

第3章　服務

（兼職及び他の事業等の従事）

第17条　教育公務員は、教育に関する他の職を兼ね、又は教育に関する他の事業若しくは事務に従事することが本務の遂行に支障がないと任命権者（地方教育行政の組織及び運営に関する法律第37条第1項に規定する県費負担教職員については、市町村（特別区を含む。以下同じ。）の教育委員会。第23条第2項及び第24条第2項において同じ。）において認める場合には、給与を受け、又は受けないで、その職を兼ね、又はその事業若しくは事務に従事することができる。

2　前項の場合においては、地方公務員法第38条第2項の規定により人事委員会が定める許可の基準によることを要しない。

（公立学校の教育公務員の政治的行為の制限）

第18条　公立学校の教育公務員の政治的行為の制限については、当分の間、地方公務員法第36条の規定にかかわらず、国家公務員の例による。

2　前項の規定は、政治的行為の制限に違反した者の処罰につき国家公務員法（昭和22年法律第120号）第110条第1項の例による趣旨を含むものと解してはならない。

（大学の学長、教員及び部局長の服務）

第19条　大学の学長、教員及び部局長の服務に

ついて、地方公務員法第30条の根本基準の実施に関し必要な事項は、前条第1項並びに同法第31条から第35条まで、第37条及び第38条に定めるものを除いては、評議会の議に基づき学長が定める。

(勤務成績の評定)
第20条 大学の学長、教員及び部局長の勤務成績の評定及び評定の結果に応じた措置は、学長にあつては評議会、教員及び学部長にあつては教授会の議に基づき学長、学部長以外の部局長にあつては学長が行う。
2 前項の勤務成績の評定は、評議会の議に基づき学長が定める基準により、行わなければならない。

第4章 研修

(研修)
第21条 教育公務員は、その職責を遂行するために、絶えず研究と修養に努めなければならない。
2 教育公務員の任命権者は、教育公務員の研修について、それに要する施設、研修を奨励するための方途その他研修に関する計画を樹立し、その実施に努めなければならない。

(研修の機会)
第22条 教育公務員には、研修を受ける機会が与えられなければならない。
2 教員は、授業に支障のない限り、本属長の承認を受けて、勤務場所を離れて研修を行うことができる。
3 教育公務員は、任命権者の定めるところにより、現職のままで、長期にわたる研修を受けることができる。

(初任者研修)
第23条 公立の小学校等の教諭等の任命権者は、当該教諭等(政令で指定する者を除く。)に対して、その採用の日から一年間の教諭の職務の遂行に必要な事項に関する実践的な研修(以下「初任者研修」という。)を実施しなければならない。
2 任命権者は、初任者研修を受ける者(次項において「初任者」という。)の所属する学校の副校長、教頭、主幹教諭(養護又は栄養の指導及び管理をつかさどる主幹教諭を除く。)、指導教諭、教諭又は講師のうちから、指導教員を命じるものとする。

3 指導教員は、初任者に対して教諭の職務の遂行に必要な事項について指導及び助言を行うものとする。

(十年経験者研修)
第24条 公立の小学校等の教諭等の任命権者は、当該教諭等に対して、その在職期間(公立学校以外の小学校等の教諭等としての在職期間を含む。)が10年(特別の事情がある場合には、10年を標準として任命権者が定める年数)に達した後相当の期間内に、個々の能力、適性等に応じて、教諭等としての資質の向上を図るために必要な事項に関する研修(以下「10年経験者研修」という。)を実施しなければならない。
2 任命権者は、10年経験者研修を実施するに当たり、10年経験者研修を受ける者の能力、適性等について評価を行い、その結果に基づき、当該者ごとに10年経験者研修に関する計画書を作成しなければならない。
3 第1項に規定する在職期間の計算方法、10年経験者研修を実施する期間その他10年経験者研修の実施に関し必要な事項は、政令で定める。

(研修計画の体系的な樹立)
第25条 任命権者が定める初任者研修及び10年経験者研修に関する計画は、教員の経験に応じて実施する体系的な研修の一環をなすものとして樹立されなければならない。

(指導改善研修)
第25条の2 公立の小学校等の教諭等の任命権者は、児童、生徒又は幼児(以下「児童等」という。)に対する指導が不適切であると認定した教諭等に対して、その能力、適性等に応じて、当該指導の改善を図るために必要な事項に関する研修(以下「指導改善研修」という。)を実施しなければならない。
2 指導改善研修の期間は、1年を超えてはならない。ただし、特に必要があると認めるときは、任命権者は、指導改善研修を開始した日から引き続き2年を超えない範囲内で、これを延長することができる。
3 任命権者は、指導改善研修を実施するに当たり、指導改善研修を受ける者の能力、適性等に応じて、その者ごとに指導改善研修に関する計画書を作成しなければならない。
4 任命権者は、指導改善研修の終了時において、指導改善研修を受けた者の児童等に対する指導の改善の程度に関する認定を行わなければなら

5 任命権者は、第1項及び前項の認定に当たつては、教育委員会規則で定めるところにより、教育学、医学、心理学その他の児童等に対する指導に関する専門的知識を有する者及び当該任命権者の属する都道府県又は市町村の区域内に居住する保護者（親権を行う者及び未成年後見人をいう。）である者の意見を聴かなければならない。
6 前項に定めるもののほか、事実の確認の方法その他第1項及び第4項の認定の手続に関し必要な事項は、教育委員会規則で定めるものとする。
7 前各項に規定するもののほか、指導改善研修の実施に関し必要な事項は、政令で定める。

（指導改善研修後の措置）
第25条の3 任命権者は、前条第4項の認定において指導の改善が不十分でなお児童等に対する指導を適切に行うことができないと認める教諭等に対して、免職その他の必要な措置を講ずるものとする。

【参考文献】

窪田眞二・小川友次著『教育法規便覧』

市川須美子・浦野東洋一・小野田正利他編『教育小六法』

地方公務員昇任試験問題研究会編著『完全整理 図表でわかる地方自治法』［第3次改訂版］

地方公務員昇任試験問題研究会編著『完全整理 図表でわかる地方公務員法』

地方公務員昇任試験問題研究会編著『完全整理 図表でわかる行政法』

（以上、学陽書房）

文部科学省編『文部科学白書』〈平成25年度〉（日経印刷）

文部科学省ホームページ

完全整理　図表でわかる教育法令［第3次改訂版］

　　　　　2006年　4月10日　初　版　　発　行
　　　　　2007年10月25日　第1次改訂版発行
　　　　　2010年　1月25日　第2次改訂版発行
　　　　　2015年　2月24日　第3次改訂版発行

編著者　　教育法令研究会
発行者　　佐久間重嘉
発行所　　学陽書房

〒102-0072　東京都千代田区飯田橋1-9-3
　営業／電話　03-3261-1111　FAX　03-5211-3300
　　　　振替　00170-4-84240
　編集／電話　03-3261-1112　FAX　03-5211-3301

装幀／佐藤　博　DTP制作／越海編集デザイン
印刷／加藤文明社　製本／東京美術紙工
Ⓒ 教育法令研究会 2015, Printed in Japan

ISBN 978-4-313-20503-1 C2337
乱丁・落丁本は、送料小社負担にてお取り替えいたします。

学校管理職試験 合格論文の技術

久保田正己　著　本体2,500円＋税　A5判並製　256頁

論文対策はこの1冊でOK！
基本的な書き方から、ダメ論文の改善例までを丁寧に解説した決定版。
模範論文76本も収録！

完全整理 図表でわかる地方自治法〔第3次改訂版〕

地方公務員昇任試験問題研究会　編著　本体2,300円＋税　A5判並製　216頁

初学者にはわかりにくい地方自治法の全容を33項目に分けて、図表を用いて完全整理。
難解な法体系と複雑な制度が簡単に理解できるように解説したほか、住民訴訟等の手続については順を追って制度の流れが一目でわかる。

完全整理 図表でわかる地方公務員法

地方公務員昇任試験問題研究会　編著　本体2,100円＋税　A5判並製　188頁

地方公務員法の全容と重要な実例・判例を図表の形式を用いて解説した、昇任試験はもちろん実務にも役立つ便利な解説書。複雑な制度が一目でわかるように丁寧に解説。

完全整理 図表でわかる行政法

地方公務員昇任試験問題研究会　編著　本体2,200円＋税　A5判並製　202頁

行政法の基礎事項から理論展開、各法の中身まで図表を用いて完全整理。初学者が苦手とする複雑な理論展開については、図表を駆使して丁寧に解説したほか、出題頻度の高い行政手続法や情報公開法等も漏れなくカバー。

学陽書房